农民群众常用法律知识普及手册

江苏省农业农村厅◎编

U1008700

河海大学出版社
HOHAI UNIVERSITY PRESS
·南京·

图书在版编目(CIP)数据

农民群众常用法律知识普及手册 / 江苏省农业农村厅编. -- 南京 : 河海大学出版社, 2023.1(2024.11 重印)
ISBN 978-7-5630-7992-6

Ⅰ. ①农… Ⅱ. ①江 Ⅲ. ①法律—基本知识—中国 Ⅳ. ①D920.5

中国国家版本馆 CIP 数据核字(2023)第 042014 号

书　　名　农民群众常用法律知识普及手册
NONGMIN QUNZHONG CHANGYONG FALÜ ZHISHI PUJI SHOUCE
书　　号　ISBN 978-7-5630-7992-6
策划编辑　朱婵玲
责任编辑　张心怡　卢蓓蓓
责任校对　俞　婧
插图绘制　金网线图文工作室　杨梓桐
封面设计　徐娟娟
出版发行　河海大学出版社
地　　址　南京市西康路 1 号(邮编:210098)
电　　话　(025)83737852(总编室)
(025)83722833(营销部)
经　　销　江苏省新华发行集团有限公司
排　　版　南京布克文化发展有限公司
印　　刷　南京工大印务有限公司
开　　本　890 毫米×1240 毫米　1/32
印　　张　7.5
字　　数　194 千字
版　　次　2023 年 1 月第 1 版
印　　次　2024 年 11 月第 3 次印刷
定　　价　59.00 元

《农民群众常用法律知识普及手册》

编　委　会

畅通普法进村入户“最后一公里”

江苏省委农办主任、省农业农村厅厅长　杨时云

习近平总书记高度重视全民守法普法工作，亲自谋划、亲自部署、亲自推动，发表一系列重要讲话，作出一系列重要指示。习近平总书记强调，坚持把全民普法和守法作为依法治国的长期基础性工作，加强法治宣传教育，引导全社会树立法治意识，使全体人民成为社会主义法治的忠实崇尚者、自觉遵守者、坚定捍卫者。强调要加大全民普法力度，建设社会主义法治文化，弘扬社会主义法治精神。强调要坚持法制教育与法治实践相结合，强化依法治理，培育全社会办事依法、遇事找法、解决问题用法、化解矛盾靠法的法治环境。强调普法工作要紧跟时代，在针对性和实效性上下功夫，特别是要加强青少年法治教育，不断提升全体公民法治意识和法治素养，使法治成为社会共识和基本准则。这些重要论述是习近平法治思想的重要内容，深刻阐明了法治宣传教育的重大意义，明确了全民普法的思路举措、重点任务、工作要求，为开展新时代法治宣传教育指明了方向。近年来，全省各级农业农村部门坚持以习近平法治思想为指引，把农业农村法治宣传教育作

为全面推进乡村振兴的基础性、先导性工作，充分利用农业农村部门熟悉农村、贴近农民的优势，以落实普法责任制为抓手，坚持不懈加强普法机制创新，持之以恒推进农业农村普法，大力传播法律知识、弘扬法治精神、塑造法治信仰、培育法治文化，为乡村播下法治种子、为农民撑起法治晴空，广大干部和农民群众的法治观念日益增强，乡村依法治理能力不断提升，为推进全面依法治农、建设法治乡村提供了重要基础。

2021年中央一号文件和全国“八五”普法规划要求培育农村学法用法示范户。培育农村学法用法示范户，是落实习近平总书记关于提高普法针对性和实效性指示精神的重要举措，是构建新发展时期农业农村法治宣传教育机制、畅通普法进村“最后一公里”的创新方式，是提升农民群众法治素养、增强乡村依法治理能力的重要途径，是助力全面推进乡村振兴、加快农业农村现代化的必然要求。农业农村部、司法部《培育农村学法用法示范户实施方案》要求，到2025年底实现每个行政村都有学法用法示范户。全省各级农业农村部门要充分认识培育农村学法用法示范户的重要性必要性，把培育农村学法用法示范户作为农业农村普法工作的一项硬任务抓紧抓实。要坚持目标导向。围绕构建上下贯通的农业农村普法工作机制、提升农民群众法治素养能力，坚持面向农民、深入农村，广泛开展农村学法用法教育，扎实推进农村学法用法示范户培育，为乡村全面振兴培养一批农村法律人才，促进带动农民群众尊法学法守法用法，有效提升农民群众办事依法、遇事找法、解决问题用法、化解矛盾靠法的能力。要结合本地实际。利用好现有法治宣传教育平台、人才培养项目资源和联系对接机制等开展农村学法用法示范户培训教育工作，制定农民学法用法示范户培训计划和学法清单，将农民学法用法示范户培训纳入高素质农民培育工作，运用法治讲堂、田间课堂等多种形式，结合实际开展法治轮训。组建普法讲师团，服务培育工作。依托各类普法平台，组织在线学法用法培训，提供在线法律咨询服务。要加强结对指导。各级农业综合行政执法机构要将农村学法用法示范户培育工作作为落实“谁执法谁普法”普法责任制的重要抓手，深入农村与学法用法示范户“结对子”，采取全员包区包片等方式，开展以案释法、以案说法，提供有针对性的培育指导和跟踪服务。要强化阵地建设。充分利用农村文化礼堂、法治文化阵地、农家书屋等基层综合性文化服务中心和职业院校等具备法治普及功能的单位机构，依托农业企业、农民专业合作社、家庭农场等新型农业经营主体，建设农村法治教育基地，打造农民学法用法平台，更好地服务农民学法用法。坚持用法治文化浸润心田、滋养乡村，培育、挖掘一批思想性、艺术性和观赏性相统一、深受农民群众喜爱的法治文艺精品，深入开展学法用法演讲、法治文艺巡演等法治文化惠农活动。要积极探索创新。尊重乡村发展规律，结合法治建设需求，坚持边探索边实践，注重将培育示范户与促进农业农村法治新实践、构建农业农村普法新格局结合起来，注重创新推动培育工作的机制和方法，注重总结提炼示范户培育工作经验和有助于发挥示范作用的做法，探索推广一批符合我省实际、兼顾行业特点、可复制可操作的培育模式，增强工作的带动力和实效性。

广大农村学法用法示范户要带头学习与农民生产

生活密切相关的宪法、民法典等公共法律知识,以及乡村振兴促进法、农业法、农村土地承包法、农民专业合作社法、农产品质量安全法、种子法等主要农业农村法律法规,发挥在农村普法依法治理中示范带动作用,大力宣传习近平法治思想、公共法律知识、农业农村法律法规以及三农政策,组织、参加法治讲堂、田间课堂、农家书屋培训等活动,带动本村及周边农民群众提高法治意识;积极参与乡村治理等工作,协助并主动参与矛盾纠纷劝导、化解工作,防止矛盾激化、纠纷升级,维护基层社会和谐稳定;了解社情民意,反映农民法律需求,引导农村群众依法维护合法权益,理性表达利益诉求,帮助解决法律问题。

在全面推进乡村振兴、加快农业农村现代化的新征程上,做好农业农村普法工作使命光荣、责任重大。全省各级农业农村部门要深入学习贯彻习近平法治思想,以只争朝夕、奋发有为的精神状态,以踏石留印、抓铁有痕的工作作风,紧跟时代步伐、贴近人民需求,坚持目标导向和问题导向相统一,创新普法理念、机制和方式,高质量完成"八五"普法目标任务,为建设农业强、农村美、农民富的新时代鱼米之乡奠定良好的法治基础、创造良好的法治环境。

目 录

第一部分 宪法

第二部分　民法典

第三部分　劳动合同法

第四部分　乡村振兴促进法

第五部分 农村土地管理

第六部分 农产品质量安全

第七部分　种子和农药

第八部分 畜牧和兽医

第九部分 渔业

第十部分 农业机械化管理

第十一部分 农民专业合作社

第一部分

宪法

1 什么是宪法

宪法是国家的根本法，规定了国家的根本制度和根本任务，具有最高的法律效力。全国各族人民、一切国家机关和武装力量、各政党和各社会团体、各企业事业组织，都必须以宪法为根本的活动准则，并且负有维护宪法尊严、保证宪法实施的职责。

宪法是其他法律、法规赖以产生、存在、发展和变更的基础和前提条件，它处于一个国家独立、完整和系统的法律体系的核心，是一个国家法律制度的基石。

宪法是我国的根本法，具有最高法律效力，是制定其他法律的依据，一切法律、法规都不得同宪法相抵触。我国现行宪法于 1982 年 12 月 4 日第五届全国人民代表大会第五次会议通过，经过了 1988 年、1993 年、1999 年、2004 年及 2018 年五次修改。

《中华人民共和国宪法》（以下简称《宪法》）规定了国家的根本制度、公民的基本权利和义务、国家机构、国旗、国歌、国徽、首都等重要内容，涉及生活的各个方面。

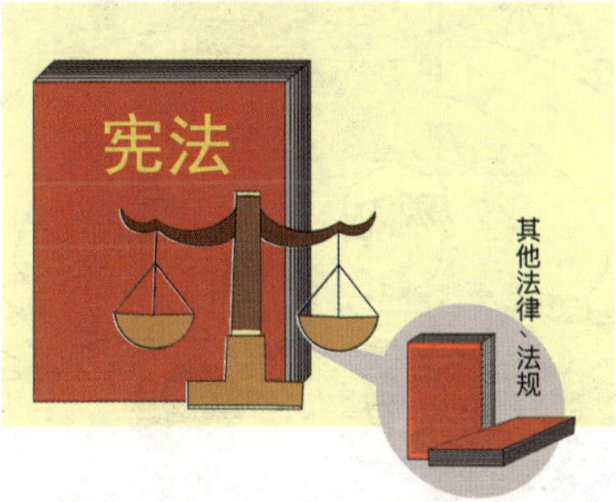

2　宪法有何作用

作为国家的根本法，宪法的作用主要表现在以下几个方面：

(1)保证国家权力有效运行机制规范和制约国家权力。宪法通过赋予立法、行政、司法等国家机关公共权力，使国家权力在宪法的轨道上有效运行，避免国家权力缺位、越位和错位。

(2)确认和保障公民基本权利。在人民主权原则下，宪法是人民共同意志的集中体现。人民通过宪法使自己的基本权利得到最明确的确认和最有效的保障。

(3)调整国家最重要的社会关系，维护社会稳定和国家长治久安。在国家的各种社会关系中，最重要的关系是由宪法来规范和调整的。从这个意义上说，宪法是社会稳定的调解器和安全阀，对于解决各种重大社会矛盾和冲突，保持社会稳定，维护国家长治久安，具有十分重要的意义。

3 国家的领导核心力量和指导思想是什么

我国宪法明确规定中国共产党在国家政治和社会生活中的领导地位，明确规定马克思主义及其中国化思想理论体系在国家政治和社会生活中的指导地位。这是历史的选择、人民的选择，宪法以国家根本法的形式予以确认。

中国共产党领导是中国特色社会主义最本质的特征，马克思列宁主义、毛泽东思想、邓小平理论、“三个代表”重要思想、科学发展观、习近平新时代中国特色社会主义思想是党和人民团结奋斗的行动指南和共同思想基础。这些都属于我国宪法制度的核心内容。

马克思列宁主义
毛泽东思想
邓小平理论
「三个代表」重要思想
科学发展观
习近平新时代中国特色社会主义思想

4　国家的根本制度是什么

社会主义制度是中华人民共和国的根本制度。中国共产党领导是中国特色社会主义最本质的特征。禁止任何组织或者个人破坏社会主义制度。

5　宪法确立的根本政治制度是什么

人民代表大会制度是我国的根本政治制度。人民代表大会制度是我国的政权组织形式，通常称为政体。国体决定政体，政体与国体相适应、相统一。人民代表大会制度包含着一系列紧密联系、相互贯通的重要政治思想和理论原则，包含着一整套构建科学、运转协调的重要政治制度和行为规范。

人民代表大会制度集中体现我国国家政权的根本性质、国家发展的根本任务和国家活动的根本准则。人民代表大会制度在国家政治制度中具有根本性质，在国家政权组织体系中具有根本地位。

6 如何理解公民在法律面前一律平等

《宪法》第三十三条规定：凡具有中华人民共和国国籍的人都是中华人民共和国公民。中华人民共和国公民在法律面前一律平等。

公民在法律面前一律平等，是我国公民的一项基本权利，也是社会主义法制的一个基本原则，其含义指：我国公民不分民族、种族、性别、职业、家庭出身、宗教信仰、教育程度、财产状况、居住期限，都一律平等地享有宪法和法律规定的权利，也平等地履行宪法和法律规定的义务。任何人的合法权益都一律平等地受到保护，对违法行为一律依法予以追究。不允许任何公民享有法律以外的特权，不得强制公民履行法外的义务，也不得使公民受到法外的处罚。

7　公民基本权利包括哪些

公民的基本权利是宪法的核心内容。《宪法》第二章中规定的公民的基本权利主要有：公民在法律面前一律平等，选举权和被选举权，言论、出版、集会、结社、游行、示威的自由，宗教信仰自由，人身自由不受侵犯，人格尊严不受侵犯，住宅不受侵犯，通信自由和通信秘密受到保护，批评、建议、申诉、控告、检举和获得国家赔偿的权利，劳动权，劳动者休息权，获得物质帮助权，残废军人生活保障，抚恤烈属，优待军属，帮助残疾人，受教育权，进行科研、文艺等文化活动的自由，保护妇女权益，禁止破坏婚姻自由，保护婚姻、家庭、母亲、儿童和老年人，保护华侨、归侨、侨眷合法权益等。此外，《宪法》第一章第十一条中规定国家保护个体经济、私营经济等非公有制经济的合法的权利和利益，第十三条中规定国家依照法律规定保护公民的私有财产权和继承权。

8 公民基本义务包括哪些

我国宪法坚持公民权利义务法定原则、权利义务相一致原则，公民的权利和自由不是绝对的，在法定范围内，受现实社会条件的约束和具体法律关系的调整。一是规定公民享有宪法和法律规定的权利，同时必须履行宪法和法律规定的义务（第三十三条第四款）。二是规定公民行使自由和权利，不得损害国家的、社会的、集体的利益和其他公民的合法的自由和权利（第五十一条）。三是规定既为权利又为义务，如公民有劳动的权利和义务（第四十二条第一款）、有受教育的权利和义务（第四十六条第一款）。

公民的基本义务主要有：维护国家统一和各民族团结；遵守宪法和法律，保守国家秘密，爱护公共财产，遵守劳动纪律，遵守公共秩序，尊重社会公德；维护祖国的安全、荣誉和利益；保卫祖国、依照法律服兵役和参加民兵组织；依照法律纳税。

9　什么是政治权利

政治权利又称参政权或政治参加的权利、民主权利，是人们参与政治活动的一切权利和自由的总称，是根据宪法、法律的规定公民参与国家政治生活的权利。它是公民的经济要求在政治上的集中反映，是公民权利的重要组成部分，也是公民其他权利的基础。在我国，所剥夺的政治权利的内容是：选举权和被选举权；言论、出版、集会、结社、游行、示威自由的权利；担任国家机关职务的权利；担任国有公司、企业、事业单位和人民团体领导职务的权利。

10 公民年满多少周岁具有选举权和被选举权

《宪法》第三十四条规定：中华人民共和国年满十八周岁的公民，不分民族、种族、性别、职业、家庭出身、宗教信仰、教育程度、财产状况、居住期限，都有选举权和被选举权；但是依照法律被剥夺政治权利的人除外。

11　宪法规定的公民人身自由权利包括哪些

人身自由包括狭义和广义两方面。狭义的人身自由主要指公民的身体不受非法侵犯；广义的人身自由还包括与狭义人身自由相关联的人格尊严、住宅不受侵犯，通信自由和通信秘密受法律保护等与公民个人生活有关的权利和自由。

《宪法》第三十七条规定：中华人民共和国公民的人身自由不受侵犯。任何公民，非经人民检察院批准或者决定或者人民法院决定，并由公安机关执行，不受逮捕。禁止非法拘禁和以其他方法非法剥夺或者限制公民的人身自由，禁止非法搜查公民的身体。

人身自由不被限制和剥夺是公民最基本的人身权利，是公民享受其他权利和自由的基础。限制和剥夺人身自由，必须由法律作出规定、经过一定的法律程序、由特定机关执行，非经正当法律程序不得限制和剥夺他人人身自由。

12　如何理解宪法规定的物质帮助权

物质帮助权，是公民因特定原因不能通过其他正当途径获得必要的物质生活手段时，从国家和社会获得生活保障、享受社会福利的一种权利。《宪法》第四十五条规定：中华人民共和国公民在年老、疾病或者丧失劳动能力的情况下，有从国家和社会获得物质帮助的权利。国家发展为公民享受这些权利所需要的社会保险、社会救济和医疗卫生事业。

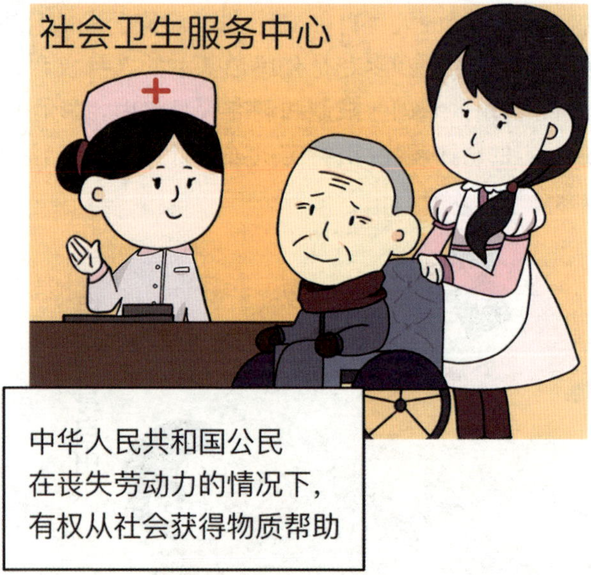

13　宪法对给予妇女、儿童、老人特别保护有哪些规定

国家对妇女、儿童、老人的权利保护十分重视，宪法规定了对妇女、儿童、老人的保护性条款。《宪法》第四十六条规定：国家培养青年、少年、儿童在品德、智力、体质等方面全面发展。第四十八条规定：中华人民共和国妇女在政治的、经济的、文化的、社会的和家庭的生活等各方面享有同男子平等的权利。国家保护妇女的权利和利益，实行男女同工同酬，培养和选拔妇女干部。第四十九条规定：婚姻、家庭、母亲和儿童受国家的保护。父母有抚养教育未成年子女的义务，成年子女有赡养扶助父母的义务。禁止虐待老人、妇女和儿童。

14　如何理解农村集体所有制

《宪法》第八条规定：农村集体经济组织实行家庭承包经营为基础、统分结合的双层经营体制。农村中的生产、供销、信用、消费等各种形式的合作经济，是社会主义劳动群众集体所有制经济。参加农村集体经济组织的劳动者，有权在法律规定的范围内经营自留地、自留山、家庭副业和饲养自留畜。

集体所有制是社会主义社会中生产资料和劳动成果归部分劳动群众集体共同占有的一种公有制形式。在农村表现为各种形式的地区性农业合作经济组织和其他生产、供销、信用、消费、工副企业等合作经济。

15　宪法对宅基地、自留地及土地征收征用有哪些规定

《宪法》第十条规定：农村和城市郊区的土地，除由法律规定属于国家所有的以外，属于集体所有；宅基地和自留地、自留山，也属于集体所有。国家为了公共利益的需要，可以依照法律规定对土地实行征收或者征用并给予补偿。任何组织或者个人不得侵占、买卖或者以其他形式非法转让土地。土地的使用权可以依照法律的规定转让。一切使用土地的组织和个人必须合理地利用土地。

16 村民委员会的组成及其职责是什么

《宪法》第一百一十一条规定：城市和农村按居民居住地区设立的居民委员会或者村民委员会是基层群众性自治组织。居民委员会、村民委员会的主任、副主任和委员由居民选举。居民委员会、村民委员会同基层政权的相互关系由法律规定。居民委员会、村民委员会设人民调解、治安保卫、公共卫生等委员会，办理本居住地区的公共事务和公益事业，调解民间纠纷，协助维护社会治安，并且向人民政府反映群众的意见、要求和提出建议。

村民委员会根据村民居住状况、人口多少，按照便于群众自治、有利于经济发展和社会管理的原则设立。村民委员会的设立、撤销、范围调整，由乡、民族乡、镇的人民政府提出，经村民会议讨论同意，报县级人民政府批准。村民委员会是基层群众性自治组织，不是一级政权组织，其工作在区县或乡镇人民政府的指导下进行。建立和健全村民委员会是我国基层社会主义民主政治建设的重要内容，它对于扩大基层民主，保证人民群众直接行使民主权利，依法管理自己的事情，具有重要意义。

17 什么是国家象征，国家象征包括哪些

国家象征是一个主权国家的代表和标志，主要包括国旗、国徽、国歌和首都等。中华人民共和国国旗是五星红旗；中华人民共和国国徽，中间是五星照耀下的天安门，周围是谷穗和齿轮；中华人民共和国国歌是《义勇军进行曲》；中华人民共和国首都是北京。

五星红旗

第二部分

民法典

1　民法典主要内容包括哪些

《中华人民共和国民法典》(以下简称《民法典》)是中华人民共和国成立以来第一部以“典”命名的法律，是民事领域的基础性、综合性法律，调整民事主体间各种人身关系和财产关系。《民法典》共7编，包括总则、物权、合同、人格权、婚姻家庭、继承、侵权责任等，共计1260条。《民法典》自2021年1月1日起施行。

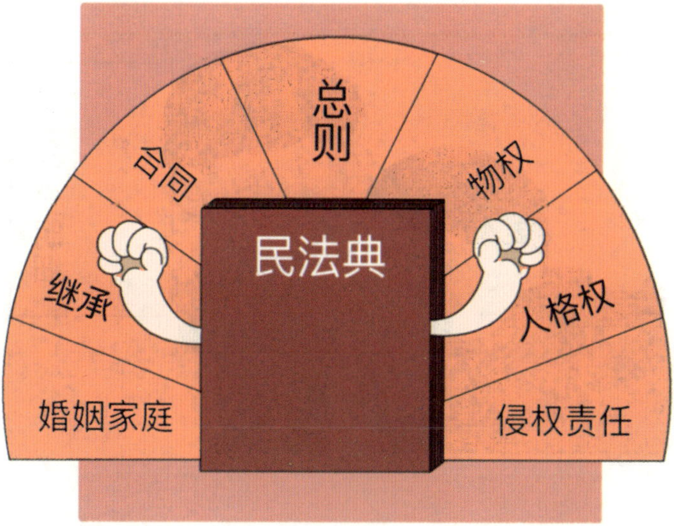

2　村民有权查阅村集体的财务吗

村民有权要求查阅村集体的财务。

《民法典》第二百六十四条规定：农村集体经济组织或者村民委员会、村民小组应当依照法律、行政法规以及章程、村规民约向本集体成员公布集体财产的状况。集体成员有权查阅、复制相关资料。

3　向人民法院提起民事诉讼有时间限制吗

诉讼时效是指民事权利受到侵害的权利人在法定的时效期间内不行使权利，当时效期间届满时，即丧失请求人民法院依诉讼程序强制义务人履行义务之权利的制度。在法律规定的诉讼时效期间内，权利人提出请求的，人民法院就强制义务人履行所承担的义务。而在法定的诉讼时效期间届满之后，权利人行使请求权的，人民法院就不再予以保护。

《民法典》第一百八十八条规定：向人民法院请求保护民事权利的诉讼时效期间为三年。法律另有规定的，依照其规定。诉讼时效期间自权利人知道或者应当知道权利受到损害以及义务人之日起计算。法律另有规定的，依照其规定。但是，自权利受到损害之日起超过二十年的，人民法院不予保护，有特殊情况的，人民法院可以

根据权利人的申请决定延长。

同时,《民法典》还规定了诉讼时效中断的情形。《民法典》第一百九十五条规定:有下列情形之一的,诉讼时效中断,从中断、有关程序终结时起,诉讼时效期间重新计算:

(一)权利人向义务人提出履行请求;

(二)义务人同意履行义务;

(三)权利人提起诉讼或者申请仲裁;

(四)与提起诉讼或者申请仲裁具有同等效力的其他情形。

4　民间借贷，利息可以自由约定吗

民间借贷可以是有偿（有息借款），也可以是无偿（无息借款），是否有偿（有息）由借贷双方约定。因此，民间借贷可以约定利息。

《民法典》第六百六十八条规定：借款合同应当采用书面形式，但是自然人之间借款另有约定的除外。借款合同的内容一般包括借款种类、币种、用途、数额、利率、期限和还款方式等条款。第六百八十条规定：禁止高利放贷，借款的利率不得违反国家有关规定。借款合同对支付利息没有约定的，视为没有利息。借款合同对支付利息约定不明确，当事人不能达成补充协议的，按照当地或者当事人的交易方式、交易习惯、市场利率等因素确定利息；自然人之间借款的，视为没有利息。

5 购买了银行推荐的理财产品亏损了，能找银行赔偿吗

一般不可以。如果银行仅是理财产品的推荐人，不是理财合同相对人，则一般不承担违约赔偿责任；如果银行是理财产品的合同相对人，则应按照合同约定与《民法典》的规定承担相应责任。

《民法典》第五百零九条规定：当事人应当按照约定全面履行自己的义务。当事人应当遵循诚信原则，根据合同的性质、目的和交易习惯履行通知、协助、保密等义务。当事人在履行合同过程中，应当避免浪费资源、污染环境和破坏生态。第五百七十七条规定：当事人一方不履行合同义务或者履行合同义务不符合约定的，应当承担继续履行、采取补救措施或者赔偿损失等违约责任。理财产品本身就具有一定风险性，资本市场有风险，投资需谨慎。

6　定金与订金是一回事吗

“定金”和“订金”一字之差，含义却大相径庭。“定金”是金钱担保，是指合同当事人于合同订立时或合同履行前，由一方向另一方交付的具有担保性质的资金。定金具有双重担保功能。“订金”可视为“预付款”或“诚意金”，给付订金的一方不履行约定的债务的，有权要求返还。同时，订金支付方不能依据定金罚则要求收取方双倍返还订金。

《民法典》第五百八十六条规定：当事人可以约定一方向对方给付定金作为债权的担保。定金合同自实际交付定金时成立。定金的数额由当事人约定；但是，不得超过主合同标的额的百分之二十，超过部分不产生定金的效力。实际交付的定金数额多于或者少于约定数额的，视为变更约定的定金数额。第五百八十七条规定：债务人履行债务的，定金应当抵作价款或者收回。给付定金的一方不履行债务或者履行债务不符合约定，致使不能实现合同目的的，无权请求返还定金；收受定金的一方不履行债务或者履行债务不符合约定，致使不能实现合同目的的，应当双倍返还定金。

7 债务人失踪了，借出去的钱还能否要回来

如果债务人符合宣告失踪的条件，债权人可向法院宣告其为失踪人，再由失踪人的财产代管人以失踪人的财产来还债；如果不符合宣告失踪的条件，则债权人可通过要求担保人承担保证责任等方式来要回钱。

《民法典》第四十条规定：自然人下落不明满二年的，利害关系人可以向人民法院申请宣告该自然人为失踪人。第四十二条规定：失踪人的财产由其配偶、成年子女、父母或者其他愿意担任财产代管人的人代管。代管有争议，没有前款规定的人，或者前款规定的人无代管能力的，由人民法院指定的人代管。第四十三条规定：财产代管人应当妥善管理失踪人的财产，维护其财产权益。失踪人所欠税款、债务和应付的其他费用，由财产代管人从失踪人的财产中支付。财产代管人因故意或者重大过失造成失踪人财产损失的，应当承担赔偿责任。

8　买卖汽车要办理登记吗

如果不办理登记，一旦与第三人发生纠纷，则不便维护自己的合法权益。

《民法典》第二百二十四条规定：动产物权的设立和转让，自交付时发生效力，但是法律另有规定的除外。第二百二十五条规定：船舶、航空器和机动车等的物权的设立、变更、转让和消灭，未经登记，不得对抗善意第三人。第二百四十条规定：所有权人对自己的不动产或者动产，依法享有占有、使用、收益和处分的权利。

9　什么情况下可以解除合同

《民法典》第五百六十二条规定：当事人协商一致，可以解除合同。当事人可以约定一方解除合同的事由。解除合同的事由发生时，解除权人可以解除合同。

第五百六十三条规定，有下列情形之一的，当事人可以解除合同：

（一）因不可抗力致使不能实现合同目的；

（二）在履行期限届满前，当事人一方明确表示或者以自己的行为表明不履行主要债务；

（三）当事人一方迟延履行主要债务，经催告后在合理期限内仍未履行；

（四）当事人一方迟延履行债务或者有其他违约行为致使不能实现合同目的；

（五）法律规定的其他情形。

以持续履行的债务为内容的不定期合同，当事人可以随时解除合同，但是应当在合理期限之前通知对方。

10　为躲避房屋买卖的税款，签订阴阳合同，阴合同（实际履行合同）、阳合同（表面签订合同）效力如何

阳合同是被外界所知道的所了解的合同，内容是不按照当事人双方真实的意愿形成的“虚假合同”。阴合同是真正双方交易的所认可的内容，这份合同有效的前提是：阴阳合同内容的订立符合法律规定。存在逃避税款等行为的，属于违反法律强制性规定，此种情况下阴阳合同均无效。

《民法典》第一百四十六条规定：行为人与相对人以虚假的意思表示实施的民事法律行为无效。以虚假的意思表示隐藏的民事法律行为的效力，依照有关法律规定处理。

11 双方因赌债订立的合同有效吗

赌博属于违法行为，对赌债的约定是无效的。

《民法典》第一百五十三条规定：违反法律、行政法规的强制性规定的民事法律行为无效。但是，该强制性规定不导致该民事法律行为无效的除外。违背公序良俗的民事法律行为无效。

12　在他人的借条上签字但未注明保证人还要承担保证责任吗

未表明签字者保证人身份或者承担保证责任，也没有其他事实表明其为保证人，签字者不承担保证责任。

《民法典》就保证合同进行了详细的规定，包括保证合同的内容、保证责任的种类、保证期限和保证范围等。《最高人民法院关于审理民间借贷案件适用法律若干问题的规定》第二十条规定：他人在借据、收据、欠条等债权凭证或者借款合同上签名或者盖章，但是未表明其保证人身份或者承担保证责任，或者通过其他事实不能推定其为保证人，出借人请求其承担保证责任的，人民法院不予支持。

13 房屋没有在房管部门登记，可以取得所有权吗

一般不可以。不动产物权的设立、变更、转让和消灭，经依法登记，发生效力；未经登记，不发生效力。

《民法典》第二百零九条规定：不动产物权的设立、变更、转让和消灭，经依法登记，发生效力；未经登记，不发生效力，但是法律另有规定的除外。依法属于国家所有的自然资源，所有权可以不登记。第二百二十九条规定：因人民法院、仲裁机构的法律文书或者人民政府的征收决定等，导致物权设立、变更、转让或者消灭的，自法律文书或者征收决定等生效时发生效力。第二百三十条规定：因继承取得物权的，自继承开始时发生效力。第二百三十一条规定：因合法建造、拆除房屋等事实行为设立或者消灭物权的，自事实行为成就时发生效力。

14　抵押给别人的房屋可以转让吗

可以。只要抵押财产的价值不因为转让受到损害，抵押权就不会受到影响，因此转让抵押财产无需得到抵押权人的事先同意。但是抵押财产被转让时，抵押人需要及时通知抵押权人，让抵押权人了解抵押财产的现实状态。如果转让行为使抵押权受到损害，抵押权人为保护自身利益可以要求抵押人将转让所得的价款向抵押权人提前清偿或者提存。

《民法典》第四百零六条规定：抵押期间，抵押人可以转让抵押财产。当事人另有约定的，按照其约定。抵押财产转让的，抵押权不受影响。抵押人转让抵押财产的，应当及时通知抵押权人。抵押权人能够证明抵押财产转让可能损害抵押权的，可以请求抵押人将转让所得的价款向抵押权人提前清偿债务或者提存。转让的价款超过债权数额的部分归抵押人所有，不足部分由债务人清偿。

15　修建房屋时可以向邻居临时借道吗

修建房屋可以临时利用他人不动产，但是所利用的不动产必须是相邻的土地或房屋，并且不能危及相邻不动产的安全，不得损害相邻不动产权利人的利益。

《民法典》第二百八十八条规定：不动产的相邻权利人应当按照有利生产、方便生活、团结互助、公平合理的原则，正确处理相邻关系。第二百九十二条：不动产权利人因建造、修缮建筑物以及铺设电线、电缆、水管、暖气和燃气管线等必须利用相邻土地、建筑物的，该土地、建筑物的权利人应当提供必要的便利。第二百九十六条：不动产权利人因用水、排水、通行、铺设管线等利用相邻不动产的，应当尽量避免对相邻的不动产权利人造成损害。

16　小区业主可以自行在公共绿地种菜吗

不可以。小区公共绿地属于业主共有。

《民法典》第二百七十一条规定：业主对建筑物内的住宅、经营性用房等专有部分享有所有权，对专有部分以外的共有部分享有共有和共同管理的权利。第二百七十四条规定：建筑区划内的道路，属于业主共有，但是属于城镇公共道路的除外。建筑区划内的绿地，属于业主共有，但是属于城镇公共绿地或者明示属于个人的除外。建筑区划内的其他公共场所、公用设施和物业服务用房，属于业主共有。

17　许诺赠与别人东西后可以反悔吗

视情况而定，符合法律规定情形的可以撤销赠与。

《民法典》第六百五十八条规定：赠与人在赠与财产的权利转移之前可以撤销赠与。经过公证的赠与合同或者依法不得撤销的具有救灾、扶贫、助残等公益、道德义务性质的赠与合同，不适用前款规定。

第六百六十三条规定，受赠人有下列情形之一的，赠与人可以撤销赠与：

（一）严重侵害赠与人或者赠与人近亲属的合法权益；

（二）对赠与人有扶养义务而不履行；

（三）不履行赠与合同约定的义务。

赠与人的撤销权，自知道或者应当知道撤销事由之日起一年内行使。

第六百六十六条规定：赠与人的经济状况显著恶化，严重影响其生产经营或者家庭生活的，可以不再履行赠与义务。

18　做好事可以要求收取费用吗

没有法定的或者约定的义务，为避免他人利益受损失而管理他人事务的，可以请求受益人偿还因管理事务而支出的必要费用。

《民法典》第九百七十九条规定：管理人没有法定的或者约定的义务，为避免他人利益受损失而管理他人事务的，可以请求受益人偿还因管理事务而支出的必要费用；管理人因管理事务受到损失的，可以请求受益人给予适当补偿。管理事务不符合受益人真实意思的，管理人不享有前款规定的权利；但是，受益人的真实意思违反法律或者违背公序良俗的除外。

19 没有拿结婚证，算不算结婚

法律只保护合法的婚姻家庭关系。办理结婚登记并领取结婚证才是法律上的有效“结婚”。

《民法典》第一千零四十九条规定：要求结婚的男女双方应当亲自到婚姻登记机关申请结婚登记。符合本法规定的，予以登记，发给结婚证。完成结婚登记，即确立婚姻关系。未办理结婚登记的，应当补办登记。

20　结婚是否可以索要彩礼

彩礼在一般理解中，指婚恋中送给对方的聘礼或礼金。但借结婚之名索要财物的行为是《民法典》所禁止的。

《民法典》第一千零四十二条规定：禁止包办、买卖婚姻和其他干涉婚姻自由的行为。禁止借婚姻索取财物。禁止重婚。禁止有配偶者与他人同居。禁止家庭暴力。禁止家庭成员间的虐待和遗弃。

21 订婚后又反悔的，彩礼可以要回吗

一般可以，但应满足法定条件。

《最高人民法院关于适用〈中华人民共和国民法典〉婚姻家庭编的解释（一）》第五条规定，当事人请求返还按照习俗给付的彩礼的，如果查明属于以下情形，人民法院应当予以支持：

（一）双方未办理结婚登记手续；

（二）双方办理结婚登记手续但确未共同生活；

（三）婚前给付并导致给付人生活困难。

适用前款第二项、第三项的规定，应当以双方离婚为条件。

22　什么是“离婚冷静期”，去法院起诉离婚也要冷静期吗

离婚冷静期，是指在离婚自由原则下，婚姻双方当事人申请自愿离婚，在婚姻登记机关收到该申请之日起一定期限内，任何一方都可撤回离婚申请、终结登记离婚程序的冷静思考期间。离婚冷静期仅针对协议离婚，并不适用于诉讼离婚。

《民法典》第一千零七十七条规定：自婚姻登记机关收到离婚登记申请之日起三十日内，任何一方不愿意离婚的，可以向婚姻登记机关撤回离婚登记申请。前款规定期限届满后三十日内，双方应当亲自到婚姻登记机关申请发给离婚证；未申请的，视为撤回离婚登记申请。第一千零七十八条规定：婚姻登记机关查明双方确实是自愿离婚，并已经对子女抚养、财产以及债务处理等事项协商一致的，予以登记，发给离婚证。需要说明的是，《民法典》第一千零七十七条设置的离婚冷静期仅仅针对协议离婚，并不适用于诉讼离婚。对于一方存在家暴、虐待、遗弃等情形的，受害者可通过诉讼程序离婚，避免在 30 天的离婚冷静期内再次受到伤害。在处理离婚问题

之前，当事人遭受家庭暴力或者面临家庭暴力现实危险的，还可以依法向法院申请人身安全保护令，或者向公安机关、妇联、居民委员会等组织寻求帮助。

23　夫妻一方借的钱属于夫妻共同债务吗

应当区分不同情况。

《民法典》明确了夫妻共同债务“共债共签”的基本原则，即夫妻共同债务原则上要由夫妻双方共同意思表示予以确认。夫妻双方共同签名确认或虽然只有一方签名，但是另一方予以追认，那么债务就是夫妻双方共同的民事法律行为产生的债务。

《民法典》第一千零六十四条规定：夫妻双方共同签名或者夫妻一方事后追认等共同意思表示所负的债务，以及夫妻一方在婚姻关系存续期间以个人名义为家庭日常生活需要所负的债务，属于夫妻共同债务。夫妻一方在婚姻关系存续期间以个人名义超出家庭日常生活需要所负的债务，不属于夫妻共同债务；但是，债权人能够证明该债务用于夫妻共同生活、共同生产经营或者基于夫妻双方共同意思表示的除外。第一千零六十条还规定了日常家事代理权，在婚姻中夫妻是共同体，在处理家庭日常事务的范围内，比如正常的衣食消费、日用品购买、子女抚养教育、老人赡养等，夫妻互为代理人，

家庭需要所负债务

个人债务

另一方未签字、未事后认可，也属于夫妻共同债务。此外，夫妻一方以个人名义但超出家庭日常生活需要所负的债务，原则上不属于夫妻共同债务，只有在债权人提供证据证明该债务被用于共同生活、共同生产经营或夫妻双方同意的情况下，才能被认定为夫妻共同债务。

24. 出嫁的女儿，平等享有娘家财产继承权吗

基于“继承权男女平等”的原则，出嫁的女儿具有自己父母的财产继承权。法定继承遗产的顺序中，第一顺序人就是配偶、子女、父母，同时父母和子女有相互继承遗产的权利。继承人没有以书面形式放弃继承权的，任何组织和个人不能随意剥夺。

《民法典》第一千一百二十三条规定：继承开始后，按照法定继承办理；有遗嘱的，按照遗嘱继承或者遗赠办理；有遗赠扶养协议的，按照协议办理。第一千一百二十七条规定：遗产按照下列顺序继承：（一）第一顺序：配偶、子女、父母；（二）第二顺序：兄弟姐妹、祖父母、外祖父母。继承开始后，由第一顺序继承人继承，第二顺序继承人不继承；没有第一顺序继承人继承的，由第二顺序继承人继承。第一千一百二十八条规定：被继承人的子女先于被继承人死亡的，由被继承人的子女的直系晚辈血亲代位继承。被继承人的兄弟姐妹先于被继承人死亡的，由被继承人的兄弟姐妹的子女代位继承。代位继承人一般只能继承被代位继承人有权继承的遗产份额。

25　出嫁的姑娘可以不赡养父母吗

赡养扶助父母主要是指子女在经济上应为父母提供必要的生活条件，在生活上、精神上、感情上对父母应尊敬、关心和照顾。有经济负担能力的成年子女，不分男女、已婚未婚，在父母需要赡养时，都应依法尽力履行这一义务直至父母死亡。

《民法典》第二十六条规定：成年子女对父母负有赡养、扶助和保护的义务。第一千零六十七条规定：成年子女不履行赡养义务的，缺乏劳动能力或者生活困难的父母，有要求成年子女给付赡养费的权利。

26　孙辈对已无子女的祖父母、外祖父母有赡养义务吗

有负担能力的孙子女、外孙子女，对于子女已经死亡或者子女无力赡养的祖父母、外祖父母，有赡养的义务。

《民法典》第一千零七十四条规定：有负担能力的祖父母、外祖父母，对于父母已经死亡或者父母无力抚养的未成年孙子女、外孙子女，有抚养的义务。有负担能力的孙子女、外孙子女，对于子女已经死亡或者子女无力赡养的祖父母、外祖父母，有赡养的义务。

27 腹中胎儿能够继承遗产吗

《民法典》赋予公民民事权利能力，从出生到死亡，依法享有民事权利并承担民事义务。这一规定充分保护了胎儿的合法权益，也更有利于其未来健康成长。腹中胎儿依法享有遗产继承权，分割遗产时，为胎儿保留应继承的份额，是继承人应当承担的法定义务。若腹中胎儿顺利出生，则依法取得其所继承的遗产；若胎儿娩出时是死体，则没有继承权。

《民法典》第十六条规定：涉及遗产继承、接受赠与等胎儿利益保护的，胎儿视为具有民事权利能力。但是，胎儿娩出时为死体的，其民事权利能力自始不存在。第一千一百五十五条规定：遗产分割时，应当保留胎儿的继承份额。胎儿娩出时是死体的，保留的份额按照法定继承办理。

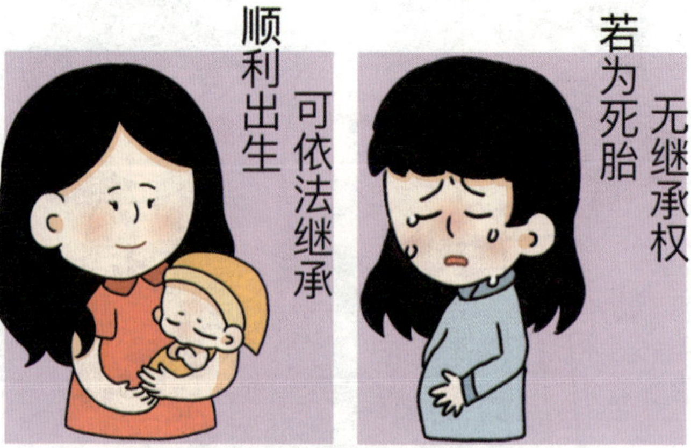

28　不尽扶养义务能分配遗产吗

被继承人没有遗嘱，同时也没有遗赠扶养协议的话，通常按照法定继承分配遗产。法定继承一般是均等分配。但是有扶养能力和有扶养条件的继承人，不尽扶养义务的，分配遗产时，应当不分或者少分。

《民法典》第一千一百三十条规定：同一顺序继承人继承遗产的份额，一般应当均等。对生活有特殊困难又缺乏劳动能力的继承人，分配遗产时，应当予以照顾。对被继承人尽了主要扶养义务或者与被继承人共同生活的继承人，分配遗产时，可以多分。有扶养能力和有扶养条件的继承人，不尽扶养义务的，分配遗产时，应当不分或者少分。继承人协商同意的，也可以不均等。

29 侄子可以代位继承无子女的大伯的财产吗

可以。代位继承又称间接继承，是指被继承人的子女先于被继承人死亡或宣告死亡时，应由被继承人子女继承的遗产份额，由其直系晚辈血亲代位继承的法律制度。

《民法典》第一千一百二十八条规定：被继承人的子女先于被继承人死亡的，由被继承人的子女的直系晚辈血亲代位继承。被继承人的兄弟姐妹先于被继承人死亡的，由被继承人的兄弟姐妹的子女代位继承。代位继承人一般只能继承被代位继承人有权继承的遗产份额。

30　打印遗嘱、录音录像遗嘱有效力吗

《民法典》允许打印遗嘱、录音录像遗嘱的存在，只要符合对应的形式要件，便能产生法律约束力。

《民法典》第一千一百三十六条规定：打印遗嘱应当有两个以上见证人在场见证。遗嘱人和见证人应当在遗嘱每一页签名，注明年、月、日。第一千一百三十七条规定：以录音录像形式立的遗嘱，应当有两个以上见证人在场见证。遗嘱人和见证人应当在录音录像中记录其姓名或者肖像，以及年、月、日。

31 收养子女应当具备哪些条件

《民法典》第一千零九十八条规定，收养人应当同时具备下列条件：

（一）无子女或者只有一名子女；

（二）有抚养、教育和保护被收养人的能力；

（三）未患有在医学上认为不应当收养子女的疾病；

（四）无不利于被收养人健康成长的违法犯罪记录；

（五）年满三十周岁。

第一千一百零二条规定：无配偶者收养异性子女的，收养人与被收养人的年龄应当相差四十周岁以上。

32　因就医发生纠纷，是否可以随意泄愤

不可以。医疗纠纷发生后，医患双方均应采取调解、诉讼等多种渠道理性解决争议。患者如果觉得自己的权利被侵犯，应通过正当途径维权，避免出现在公共接诊场所大声喧闹等扰乱医疗秩序甚至恶性伤害医务人员等非法行为。

《民法典》第一千二百二十八条规定：医疗机构及其医务人员的合法权益受法律保护。干扰医疗秩序，妨碍医务人员工作、生活，侵害医务人员合法权益的，应当依法承担法律责任。此外，刑法修正案（九）已将“医闹”入刑，干扰医疗秩序，妨碍医务人员工作、生活，侵害医务人员合法权益的，除了承担民事赔偿责任，还可能涉及行政责任和刑事责任。

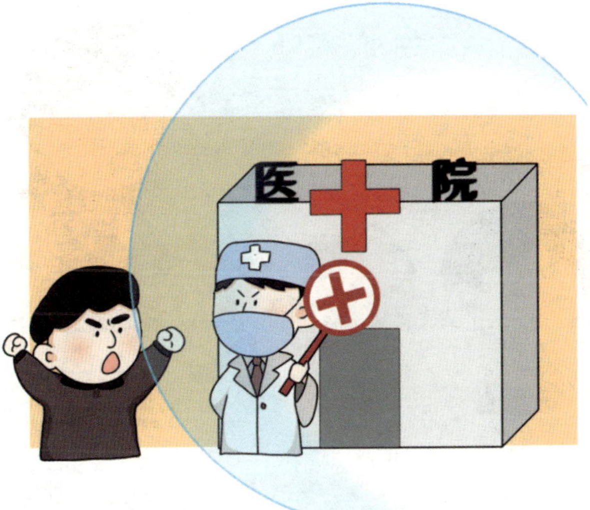

33　宠物伤人该如何追究责任

《民法典》第一千二百四十五条规定：饲养的动物造成他人损害的，动物饲养人或者管理人应当承担侵权责任；但是，能够证明损害是因被侵权人故意或者重大过失造成的，可以不承担或者减轻责任。根据法条规定，当所饲养的动物侵害了他人的合法权益时，动物饲养人或者管理人应当承担侵权责任，这是一种无过错的责任。

此外，《民法典》第一千二百四十九条规定：遗弃、逃逸的动物在遗弃、逃逸期间造成他人损害的，由动物原饲养人或者管理人承担侵权责任。被遗弃动物伤人的，原饲养人或者管理人应对自己遗弃动物和未尽到管理义务的行为承担责任。

第三部分

劳动合同法

1　我国劳动合同法对试用期是如何规定的

《中华人民共和国劳动合同法》(以下简称《劳动合同法》)第十九条规定:劳动合同期限三个月以上不满一年的,试用期不得超过一个月;劳动合同期限一年以上不满三年的,试用期不得超过二个月;三年以上固定期限和无固定期限的劳动合同,试用期不得超过六个月。同一用人单位与同一劳动者只能约定一次试用期。以完成一定工作任务为期限的劳动合同或者劳动合同期限不满三个月的,不得约定试用期。试用期包含在劳动合同期限内。劳动合同仅约定试用期的,试用期不成立,该期限为劳动合同期限。

2 用人单位可以要求劳动者缴纳押金或扣押劳动者的身份证和档案吗

用人单位招用劳动者，不得扣押劳动者的居民身份证和其他证件。此外，用人单位也不得要求劳动者提供担保或者以其他名义向劳动者收取财物。《劳动合同法》第九条规定：用人单位招用劳动者，不得扣押劳动者的居民身份证和其他证件，不得要求劳动者提供担保或者以其他名义向劳动者收取财物。第八十四条规定：用人单位违反本法规定，扣押劳动者居民身份证等证件的，由劳动行政部门责令限期退还劳动者本人，并依照有关法律规定给予处罚。用人单位违反本法规定，以担保或者其他名义向劳动者收取财物的，由劳动行政部门责令限期退还劳动者本人，并以每人五百元以上二千元以下的标准处以罚款；给劳动者造成损害的，应当承担赔偿责任。劳动者依法解除或者终止劳动合同，用人单位扣押劳动者档案或者其他物品的，依照前款规定处罚。

3　用人单位拖欠劳动者工资，劳动者如何救济

《中华人民共和国劳动法》第七十七条规定：用人单位与劳动者发生劳动争议，当事人可以依法申请调解、仲裁、提起诉讼，也可以协商解决。

调解原则适用于仲裁和诉讼程序。

4 农民工是否可以享受工伤保险待遇，哪些情形属于工伤

与用人单位形成劳动关系的农民工，用人单位均应为其办理工伤保险手续，按时足额缴纳工伤保险费，并在参保人员发生变化时，及时办理变更手续。用人单位未为农民工参加工伤保险或参保后停止缴费的，农民工受到事故伤害或患职业病的，可按规定进行工伤认定、劳动能力鉴定，其工伤待遇由用人单位按照工伤保险规定的待遇支付。

《工伤保险条例》第十四条规定，职工有下列情形之一的，应当认定为工伤：

（一）在工作时间和工作场所内，因工作原因受到事故伤害的；

（二）工作时间前后在工作场所内，从事与工作有关的预备性或者收尾性工作受到事故伤害的；

（三）在工作时间和工作场所内，因履行工作职责受到暴力等意外伤害的；

（四）患职业病的；

（五）因工外出期间，由于工作原因受到伤害或者发生事故下落不明的；

（六）在上下班途中，受到非本人主要责任的交通事故或者城市轨道交通、客运轮渡、火车事故伤害的；

（七）法律、行政法规规定应当认定为工伤的其他情形。

第十五条规定，职工有下列情形之一的，视同工伤：

（一）在工作时间和工作岗位，突发疾病死亡或者在 48 小时之内经抢救无效死亡的；

（二）在抢险救灾等维护国家利益、公共利益活动中受到伤害的；

（三）职工原在军队服役，因战、因公负伤致残，已取得革命伤残军人证，到用人单位后旧伤复发的。

5　被辞退后，想要领取失业保险金，需要在多长时间内申请呢

需要自解除劳动关系之日起60天内办理。如果参加了失业保险，可以在失业状态下享受失业保险金。享受失业保险金应具备下列条件：(1)按照规定参加失业保险，所在单位和本人已按规定履行缴费义务满一年以上的；(2)非因本人意愿中断就业的；(3)已办理失业登记，并有求职要求的。只要满足以上条件，是可以享受失业保险金的。

第四部分

乡村振兴促进法

1　如何理解制定出台乡村振兴促进法的重要意义

民族要复兴，乡村必振兴。实施乡村振兴战略，是新时代做好“三农”工作的总抓手。制定乡村振兴促进法，是贯彻落实党中央决策部署，保障乡村振兴战略全面实施的重要举措；是立足新发展阶段，推动实现“两个一百年”奋斗目标的重要支撑；是充分总结“三农”法治实践，完善和发展中国特色“三农”法律体系的重要成果。制定出台乡村振兴促进法，为全面实施乡村振兴战略提供有力法治保障，对促进农业全面升级、农村全面进步、农民全面发展，全面建设社会主义现代化国家，实现中华民族伟大复兴中国梦，具有重要意义。

2 促进乡村振兴的总要求是什么

《中华人民共和国乡村振兴促进法》(以下简称《乡村振兴促进法》)第三条规定:促进乡村振兴应当按照产业兴旺、生态宜居、乡风文明、治理有效、生活富裕的总要求,统筹推进农村经济建设、政治建设、文化建设、社会建设、生态文明建设和党的建设,充分发挥乡村在保障农产品供给和粮食安全、保护生态环境、传承发展中华民族优秀传统文化等方面的特有功能。

产业兴旺是解决农村一切问题的前提,生态宜居是乡村振兴的内在要求,乡风文明是乡村振兴的重要推动力量和软件基础,治理有效是乡村振兴的重要保障,生活富裕是乡村振兴的主要目的。乡村振兴是包括产业振兴、人才振兴、文化振兴、生态振兴、组织振兴的全面振兴,是“五位一体”总体布局、“四个全面”战略布局在“三农”工作的体现。要统筹推进农村经济建设、政治建设、文化建设、社会建设、生态文明建设和党的建设,促进农业全面升级、农村全面进步、农民全面发展。

3　乡村振兴促进法的主要特色及其亮点

（一）坚持走中国特色社会主义乡村振兴道路。将坚持中国共产党的领导，贯彻创新、协调、绿色、开放、共享的新发展理念，走中国特色社会主义乡村振兴道路，促进共同富裕作为全面实施乡村振兴战略的指导思想。（二）坚持乡村全面振兴。统筹推进农村经济建设、政治建设、文化建设、社会建设、生态文明建设和党的建设，整体部署促进乡村产业振兴、人才振兴、文化振兴、生态振兴、组织振兴的制度举措。（三）坚持农业农村优先发展。按照干部配备优先考虑、要素配置优先满足、资金投入优先保障、公共服务优先安排的要求，建立健全实施乡村振兴战略的组织保障、资金投入、政策支持等制度政策体系。坚持农民主体地位。将维护农民主体地位、尊重农民意愿、保障农民合法权益摆在突出位置、贯穿法律始终，真正使

农民成为乡村振兴的参与者、支持者和受益者。(四)坚持城乡融合发展。顺应农业农村发展要求和城乡关系变化趋势,协同推进乡村振兴战略和新型城镇化战略的实施,促进城乡要素有序流动、平等交换和公共资源均衡配置,坚持以工补农、以城带乡,推动形成工农互促、城乡互补、协调发展、共同繁荣的新型工农城乡关系。

4　乡村振兴促进法在坚持农民主体地位方面有哪些规定和体现

促进产业发展和农民增收方面，规定了发展壮大集体经济、促进乡村产业发展的一系列举措，要求各级人民政府建立健全有利于农民收入稳定增长的机制，保障成员从集体经营收入中获得收益分配的权利。

乡村治理方面，完善农村基层群众自治制度，健全村民委员会民主决策机制和村务公开制度，完善乡村治理体系，建设充满活力、和谐有序的善治乡村。

公共服务方面，提出实现基本公共服务均等化的明确要求，从传承和发展乡村优秀传统文化，加强基础教育和公共卫生服务保障，培养高素质农民，统筹规划、建设公共基础设施，发展农村社会事业等各方面提出具体举措。

社会保障方面，完善城乡统筹的社会保障制度，确保城乡居民基本养老保险待遇随经济社会发展逐步提高；加强对农村留守儿童、妇女和老年人以及残疾人、困境儿童的关爱服务；保障进城落户农民和农民工的合法权益。

乡村建设方面，加强农村住房建设管理和服务，严格禁止违法占用耕地建房；严格规范村庄撤并，严禁违背农民意愿、违反法定程序撤并村庄；加强乡村生态保护和修复，采取措施加强农业面源污染治理，持续改善农村人居环境。

5　乡村振兴促进法对牢牢把住粮食安全主动权作出了哪些规定

首先，将国家粮食安全战略纳入法治保障。国家实施以我为主、立足国内、确保产能、适度进口、科技支撑的粮食安全战略。坚持藏粮于地、藏粮于技，采取措施不断提高粮食综合生产能力，建设国家粮食安全产业带，完善粮食加工、流通、储备体系，确保谷物基本自给、口粮绝对安全。

其次，为解决好耕地和种子"两个要害"提供法律支撑。国家严格保护耕地，严格控制耕地转为林地、园地等其他类型农用地，要求确保耕地总量不减少、质量有提高。国家实行永久基本农田保护制度。国家加强农业种质资源保护利用和种质资源库建设，支持育种基础性、前沿性和应用技术研究，实施农作物和畜禽等良种培育、育种关键技术攻关，推进生物种业科技创新等。

再次，强化保数量、保多样、保质量，实现粮食和重要农产品有效供给。国家实行重要农产品保障战略，采取措施优化农业生产力布局，推进农业结构调整，发展优势特色产业，保障粮食和重要农产品有效供给和质量安全，并专门明确，分品种明确保障目标，构建科学合理、安全高效的重要农产品供给保障体系。

最后，大力发展“三品一标”，推进农业高质量发展。对推进品种培优、品质提升、品牌打造和标准化生产，提升农产品的质量效益和竞争力作出明确规定，同时还对农业投入品使用作出限制要求，规定不得违反农产品质量安全标准和规定超范围、超剂量使用。

6　乡村振兴促进法对乡村建设行动作出了哪些规定

一是规划引领。明确要坚持因地制宜、规划先行、循序渐进，顺应村庄发展规律，因地制宜安排村庄布局，依法编制村庄规划，分类有序推进村庄建设。

二是建强硬件。要求地方政府统筹规划、建设、管护城乡道路、垃圾污水处理、消防减灾等公共基础设施和新型基础设施，推动城乡基础设施互联互通；建立政府、村级组织、企业、农民各方参与的共建共管共享机制，综合整治农村水系，治理农村垃圾和污水，推广卫生厕所，持续改善农村人居环境。

三是抓好软件。要求发展农村社会事业，促进公共教育、医疗卫生、社会保障等资源向农村倾斜；健全乡村便民服务体系，培育

服务机构与服务类社会组织；完善城乡统筹的社会保障制度，支持乡村提高社会保障管理服务水平，同时还要提高农村特困人员供养等社会救助水平，支持发展农村普惠型养老服务和互助性养老等。

四是保护传统村落。地方政府应当加强对历史文化名城名镇名村、传统村落和乡村风貌、少数民族特色村寨的保护，开展保护状况监测和评估，采取措施防御和减轻火灾、洪水、地震等灾害，鼓励农村住房设计体现地域、民族和乡土特色等。

7　乡村振兴促进法对农民进城落户规定了哪些保障措施

县级以上地方人民政府应当采取措施促进在城镇稳定就业和生活的农民自愿有序进城落户，不得以退出土地承包经营权、宅基地使用权、集体收益分配权等作为农民进城落户的条件；推进取得居住证的农民及其随迁家属享受城镇基本公共服务。

保障农民进城落户

8　农民丰收节是什么时候

《乡村振兴促进法》第七条规定：每年农历秋分日为中国农民丰收节。

第五部分

农村土地管理

1　非法占用耕地改作他用，依法应当受到什么处罚

非法占用耕地改作他用，根据情节轻重可能会承担行政处罚或刑事责任。《中华人民共和国土地管理法》（以下简称《土地管理法》）第七十五条规定：违反本法规定，占用耕地建窑、建坟或者擅自在耕地上建房、挖砂、采石、采矿、取土等，破坏种植条件的，或者因开发土地造成土地荒漠化、盐渍化的，由县级以上人民政府自然资源主管部门、农业农村主管部门等按照职责责令限期改正或者治理，可以并处罚款；构成犯罪的，依法追究刑事责任。

《最高人民法院关于审理破坏土地资源刑事案件具体应用法律若干问题的解释》第三条规定，违反土地管理法规，非法占用耕地改作他用，数量较大，造成耕地大量毁坏的，依照刑法第三百四十二条的规定，以非法占用耕地罪定罪处罚：

（一）非法占用耕地“数量较大”，是指非法占用基本农田五亩以上或者非法占用基本农田以外的耕地十亩以上。

（二）非法占用耕地“造成耕地大量毁坏”，是指行为人非法占用耕地建窑、建坟、建房、挖沙、采石、采矿、取土、堆放固体废弃物或者进行其他非农业建设，造成基本农田五亩以上或者基本农田以外的耕地十亩以上种植条件严重毁坏或者严重污染。

2 永久基本农田经依法划定后，单位和个人可以擅自改变或占用吗

不可以。

《土地管理法》第三十五条规定：永久基本农田经依法划定后，任何单位和个人不得擅自占用或者改变其用途。国家能源、交通、水利、军事设施等重点建设项目选址确实难以避让永久基本农田，涉及农用地转用或者土地征收的，必须经国务院批准。

禁止通过擅自调整县级土地利用总体规划、乡（镇）土地利用总体规划等方式规避永久基本农田农用地转用或者土地征收的审批。

3　如何通过执行土地用途管制制度保护耕地

《土地管理法》第四条规定：国家实行土地用途管制制度。

国家编制土地利用总体规划，规定土地用途，将土地分为农用地、建设用地和未利用地。严格限制农用地转为建设用地，控制建设用地总量，对耕地实行特殊保护。

前款所称农用地是指直接用于农业生产的土地，包括耕地、林地、草地、农田水利用地、养殖水面等；建设用地是指建造建筑物、构筑物的土地，包括城乡住宅和公共设施用地、工矿用地、交通水利设施用地、旅游用地、军事设施用地等；未利用地是指农用地和建设用地以外的土地。

使用土地的单位和个人必须严格按照土地利用总体规划确定的用途使用土地。

4 什么是永久基本农田

基本农田是指按照一定时期人口和社会经济发展对农产品的需求，依据土地利用总体规划确定的不得占用的耕地。2020 年起实施的新《土地管理法》中，基本农田加上“永久”二字，将基本农田提升为永久基本农田，体现了国家对永久基本农田保护的重视。

5　哪些耕地应当划为永久基本农田，实行严格保护

《土地管理法》第三十三条规定：国家实行永久基本农田保护制度。下列耕地应当根据土地利用总体规划划为永久基本农田，实行严格保护：

（一）经国务院农业农村主管部门或者县级以上地方人民政府批准确定的粮、棉、油、糖等重要农产品生产基地内的耕地；

（二）有良好的水利与水土保持设施的耕地，正在实施改造计划以及可以改造的中、低产田和已建成的高标准农田；

（三）蔬菜生产基地；

（四）农业科研、教学试验田；

（五）国务院规定应当划为永久基本农田的其他耕地。

各省、自治区、直辖市划定的永久基本农田一般应当占本行政区域内耕地的百分之八十以上，具体比例由国务院根据各省、自治区、直辖市耕地实际情况规定。

6 永久基本农田可以种树或挖塘养鱼吗

不可以。根据《土地管理法》第三十七条第三款的规定，禁止占用永久基本农田发展林果业和挖塘养鱼。

7　损毁或者非法占用田间基础设施会受到什么处罚

《江苏省耕地质量管理条例》第三十二条规定：违反本条例第十六条第一款规定损毁或者非法占用田间基础设施，或者违反本条例第十七条规定损毁田间基础设施未修复的，由县级以上地方人民政府农业行政主管部门责令停止违法行为，限期恢复原状或者修复；逾期未恢复原状或者修复的，依法赔偿损失，并由县级以上地方人民政府农业行政主管部门处以二千元以上一万元以下罚款。

8　设施农业可以使用耕地吗

根据《自然资源部 农业农村部 国家林业和草原局关于严格耕地用途管制有关问题的通知》(自然资发〔2021〕166 号)、《江苏省自然资源厅 江苏省农业农村厅 江苏省林业局关于加强耕地保护严格耕地用途管制的通知》(苏自然资发〔2022〕178 号),严格管控耕地转为新增畜禽养殖设施、水产养殖设施和破坏耕作层的种植业设施等农业设施建设用地,确需转变用途的,应严格落实耕地"进出平衡"责任。严禁新增占用永久基本农田建设畜禽养殖设施、水产养殖设施和破坏耕作层的种植业设施。

9　什么是农村宅基地

农村宅基地是农村村民用于建造住宅及其附属设施的集体建设用地，包括住房、附属用房和庭院等用地，不包括与宅基地相连的农业生产性用地、农户超出宅基地范围占用的空闲地等土地。

10　农村宅基地归谁所有

农村宅基地归本集体成员集体所有。

农村和城市郊区的土地，除由法律规定属于国家所有的以外，属于集体所有；宅基地和自留地、自留山，也属于集体所有。

农村集体所有的不动产和动产，属于本集体成员集体所有。

11　江苏省规定的宅基地面积标准是多少

根据《江苏省土地管理条例》第五十九条第三、第四、第五款的规定，农村村民一户只能拥有一处宅基地。宅基地面积按照以下标准执行：城市郊区和人均耕地不满十五分之一公顷（一亩）的县（市、区），每户宅基地不得超过一百三十五平方米；人均耕地在十五分之一公顷（一亩）以上的县（市、区），每户宅基地不得超过二百平方米。不同地区宅基地面积的标准，设区的市、县（市、区）人民政府可以在前款规定的限额内，结合农村村民实际居住需求作出具体规定。人均土地少、不能保障一户拥有一处宅基地的地区，县（市、区）人民政府在充分尊重农村村民意愿的基础上可以采取措施，按照省人民政府制定的标准保障农村村民实现户有所居。

12 申请农村宅基地有哪些程序

按照《农业农村部 自然资源部关于规范农村宅基地审批管理的通知》(农经发〔2019〕6号),农村宅基地分配实行农户申请、村组审核、乡镇审批三个程序。具体流程为:

(1)符合宅基地申请条件的农户,以户为单位向所在村民小组提出宅基地和建房(规划许可)书面申请。

(2)村民小组收到申请后,应提交村民小组会议讨论,并将申请理由、拟用地位置和面积、拟建房层高和面积等情况在本小组范围内公示。公示无异议或异议不成立的,村民小组将农户申请、村民小组会议记录等材料交村集体经济组织或村民委员会(以下简称村级组织)审查。村级组织重点审查提交的材料是否真实有效、拟用地建房是否符合村庄规划、是否征求了用地建房相邻权利人意见等。审查通过的,由村级组织签署意见,报送乡镇政府。没有分设村民小组或宅基地和建房申请等事项已统一由村级组织办理的,农户直接向村级组织提出申请,经村民代表会议讨论通过并在本集体经济组织范围内公示后,由村级组织签署意见,报送乡镇政府。

(3)审批工作中,农业农村部门负责审查申请人是否符合申请条件、拟用地是否符合宅基地合理布局要求和面积标准、宅基地和建房(规划许可)申请是否经过村组审核公示等,并综合各有关部门意见提出审批建议。自然资源部门负责审查用地建房是否符合国土空间规划、用途管制要求,其中涉及占用农用地的,应在办理农用地转用审批手续后,核发乡村建设规划许可证;在乡、村庄规划区内使用原有宅基地进行农村村民住宅建设的,可按照本省(区、市)有关规定办理规划许可。涉及林业、水利、电力等部门的要及时征求意见。

（4）根据各部门联审结果，由乡镇政府对农民宅基地申请进行审批，出具《农村宅基地批准书》。

申请农村宅基地程序

13 农村村民以户为单位申请宅基地的条件是什么

依据《土地管理法》，结合各省（自治区、直辖市）宅基地管理的有关规定，农村村民有下列情况之一的，可以以户为单位申请宅基地：

（1）无宅基地的；

（2）因子女结婚等原因确需分户而现有的宅基地低于分户标准的；

（3）现住房影响乡（镇）村建设规划，需要搬迁重建的；

（4）符合政策规定迁入村集体组织落户为正式成员且在原籍没有宅基地的；

（5）因自然灾害损毁或避让地质灾害搬迁的。

各省（自治区、直辖市）、市、县（市、区）对农户申请宅基地条件有其他规定的，应同时满足其他条件要求。

14　进城落户农民宅基地使用权是否可以保留

进城落户农民原来依法取得的宅基地使用权可以依法保留。按照《中共中央 国务院关于坚持农业农村优先发展做好“三农”工作的若干意见》“坚持保障农民土地权益、不得以退出承包地和宅基地作为农民进城落户条件”规定精神，不能强迫进城落户农民退出其合法取得的宅基地使用权。《国土资源部关于进一步加快宅基地和集体建设用地确权登记发证有关问题的通知》（国土资发〔2016〕191号）规定：农民进城落户后，其原合法取得的宅基地使用权应予以确权登记。

15　农村乱占耕地建房“八不准”具体包括哪些

根据《自然资源部 农业农村部关于农村乱占耕地建房“八不准”的通知》(自然资发〔2020〕127 号),为贯彻落实党中央、国务院决策部署,坚决遏制农村乱占耕地建房行为,根据法律法规和有关政策,自然资源部、农业农村部就农村建房行为进一步明确“八不准”:不准占用永久基本农田建房;不准强占多占耕地建房;不准买卖、流转耕地违法建房;不准在承包耕地上违法建房;不准巧立名目违法占用耕地建房;不准违反“一户一宅”规定占用耕地建房;不准非法出售占用耕地建的房屋;不准违法审批占用耕地建房。

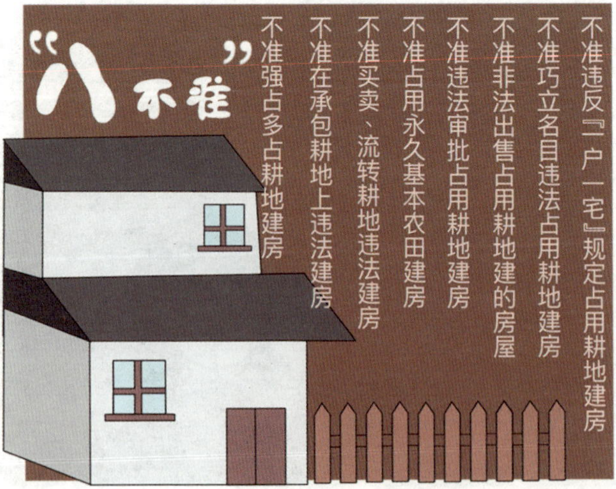

16　农民转让住宅后，是否可以再申请宅基地

依据《土地管理法》第六十二条第五款的规定，农村村民出卖、出租、赠与住宅后，再申请宅基地的，不予批准。

17 农村村民能否退出宅基地

可以。《土地管理法》第六十二条第六款规定：国家允许进城落户的农村村民依法自愿有偿退出宅基地，鼓励农村集体经济组织及其成员盘活利用闲置宅基地和闲置住宅。《中央农村工作领导小组办公室农业农村部关于进一步加强农村宅基地管理的通知》（中农发〔2019〕11号）规定：对进城落户的农村村民，各地可以多渠道筹集资金，探索通过多种方式鼓励其自愿有偿退出宅基地。

18　城镇居民能否在农村购买宅基地

不能。《国务院关于深化改革严格土地管理的决定》明确规定：禁止城镇居民在农村购置宅基地。《中央农村工作领导小组办公室 农业农村部关于进一步加强农村宅基地管理的通知》（中农发〔2019〕11号）要求：宅基地是农村村民的基本居住保障，严禁城镇居民到农村购买宅基地，严禁下乡利用农村宅基地建设别墅大院和私人会馆。严禁借流转之名违法违规圈占、买卖宅基地。

19　什么是农村土地

根据《中华人民共和国农村土地承包法》(以下简称《农村土地承包法》)的第二条规定,农村土地是指农民集体所有和国家所有依法由农民集体使用的耕地、林地、草地,以及其他依法用于农业的土地。

其他依法用于农业的土地,主要包括荒山、荒沟、荒丘、荒滩等“四荒地”,以及养殖水面等。

20　农村土地承包方式有哪些

《农村土地承包法》第三条第二款规定：农村土地承包采取农村集体经济组织内部的家庭承包方式，不宜采取家庭承包方式的荒山、荒沟、荒丘、荒滩等农村土地，可以采取招标、拍卖、公开协商等方式承包。

21 农村土地承包期限是如何规定的

《农村土地承包法》第二十一条规定：耕地的承包期为三十年。草地的承包期为三十年至五十年。林地的承包期为三十年至七十年。前款规定的耕地承包期届满后再延长三十年，草地、林地承包期届满后依照前款规定相应延长。

22　承包土地时有哪些程序

《农村土地承包法》第二十条规定，土地承包应当按照以下程序进行：

（一）本集体经济组织成员的村民会议选举产生承包工作小组；

（二）承包工作小组依照法律、法规的规定拟订并公布承包方案；

（三）依法召开本集体经济组织成员的村民会议，讨论通过承包方案；

（四）公开组织实施承包方案；

（五）签订承包合同。

23　承包方有哪些权利和义务

《农村土地承包法》第十七条规定，承包方享有下列权利：

（一）依法享有承包地使用、收益的权利，有权自主组织生产经营和处置产品；

（二）依法互换、转让土地承包经营权；

（三）依法流转土地经营权；

（四）承包地被依法征收、征用、占用的，有权依法获得相应的补偿；

（五）法律、行政法规规定的其他权利。

第十八条规定，承包方承担下列义务：

（一）维持土地的农业用途，未经依法批准不得用于非农建设；

（二）依法保护和合理利用土地，不得给土地造成永久性损害；

（三）法律、行政法规规定的其他义务。

24 承包期内发包方能收回承包地吗

承包期内，发包人一般不得收回承包地。法律另有规定的，依照其规定。《农村土地承包法》第二十七条第一、第二、第四款规定：承包期内，发包方不得收回承包地。国家保护进城农户的土地承包经营权。不得以退出土地承包经营权作为农户进城落户的条件。承包期内，承包方交回承包地或者发包方依法收回承包地时，承包方对其在承包地上投入而提高土地生产能力的，有权获得相应的补偿。

25 承包期内发包方可以随意调整承包地吗

不可以。《农村土地承包法》第二十八条规定：承包期内，发包方不得调整承包地。承包期内，因自然灾害严重毁损承包地等特殊情形对个别农户之间承包的耕地和草地需要适当调整的，必须经本集体经济组织成员的村民会议三分之二以上成员或者三分之二以上村民代表的同意，并报乡（镇）人民政府和县级人民政府农业农村、林业和草原等主管部门批准。承包合同中约定不得调整的，按照其约定。

26　承包农户可以流转承包地的土地经营权吗

可以。依据《农村土地承包法》第三十六条的规定，承包方可以自主决定依法采取出租（转包）、入股或者其他方式向他人流转土地经营权，并向发包方备案。《农村土地经营权流转管理办法》第十五条规定：承包方依法采取出租（转包）、入股或者其他方式将土地经营权部分或者全部流转的，承包方与发包方的承包关系不变，双方享有的权利和承担的义务不变。

土地经营权流转的价款，由当事人双方协商确定。流转的收益归承包方所有，任何组织和个人不得擅自截留、扣缴。

27 对于流转后土地，哪些行为是禁止的

《农村土地经营权流转管理办法》第十一条规定：受让方应当依照有关法律法规保护土地，禁止改变土地的农业用途。禁止闲置、荒芜耕地，禁止占用耕地建窑、建坟或者擅自在耕地上建房、挖砂、采石、采矿、取土等。禁止占用永久基本农田发展林果业和挖塘养鱼。

28　农村土地经营权流转需要签订流转合同吗

农村土地经营权流转需要签订流转合同。《农村土地经营权流转管理办法》第十七条、第十八条规定：承包方流转土地经营权，应当与受让方在协商一致的基础上签订书面流转合同，并向发包方备案。承包方将土地交由他人代耕不超过一年的，可以不签订书面合同。

承包方委托发包方、中介组织或者他人流转土地经营权的，流转合同应当由承包方或者其书面委托的受托人签订。

29 农村土地经营权流转，村里可以收取管理服务费吗

可以。《农村土地经营权流转管理办法》第三十一条规定：农村集体经济组织为工商企业等社会资本流转土地经营权提供服务的，可以收取适量管理费用。收取管理费用的金额和方式应当由农村集体经济组织、承包方和工商企业等社会资本三方协商确定。管理费用应当纳入农村集体经济组织会计核算和财务管理，主要用于农田基本建设或者其他公益性支出。

30 土地承包经营中发生纠纷时，应如何解决

可以协商、调解或诉讼解决。《农村土地承包法》第五十五条规定：因土地承包经营发生纠纷的，双方当事人可以通过协商解决，也可以请求村民委员会、乡（镇）人民政府等调解解决。

当事人不愿协商、调解或者协商、调解不成的，可以向农村土地承包仲裁机构申请仲裁，也可以直接向人民法院起诉。

第六部分

农产品质量安全

1　什么是农产品

《中华人民共和国农产品质量安全法》(以下简称《农产品质量安全法》)第二条规定:本法所称农产品,是指来源于种植业、林业、畜牧业和渔业等的初级产品,即在农业活动中获得的植物、动物、微生物及其产品。

2 农产品如何包装和标识

《农产品质量安全法》对于农产品包装和标识的规定主要包括：

(1)实施农产品质量安全承诺达标合格证制度。

第三十九条第一款规定：农产品生产企业、农民专业合作社应当执行法律、法规的规定和国家有关强制性标准，保证其销售的农产品符合农产品质量安全标准，并根据质量安全控制、检测结果等开具承诺达标合格证，承诺不使用禁用的农药、兽药及其他化合物且使用的常规农药、兽药残留不超标等。鼓励和支持农户销售农产品时开具承诺达标合格证。法律、行政法规对畜禽产品的质量安全合格证明有特别规定的，应当遵守其规定。第三十八条规定：农产品生产企业、农民专业合作社以及从事农产品收购的单位或者个人销售的农产品，按照规定应当包装或者附加承诺达标合格证等标识的，须经包装或者附加标识后方可销售。包装物或者标识上应当按照规定标明产品的品名、产地、生产者、生产日期、保质期、产品质量等级等内容；使用添加剂的，还应当按照规定标明添加剂的名称。具体办法由国务院农业农村主管部门制定。

(2)加强质量等标志管理。

第四十二条规定：农产品质量符合国家规定的有关优质农产品标准的，农产品生产经营者可以申请使用农产品质量标志。禁止冒用农产品质量标志。第四十三条规定：属于农业转基因生物的农产品，应当按照农业转基因生物安全管理的有关规定进行标识。第四十四条规定：依法需要实施检疫的动植物及其产品，应当附具检疫标志、检疫证明。

(3)防止农产品二次污染。

第三十五条规定：农产品在包装、保鲜、储存、运输中所使用的保鲜剂、防腐剂、添加剂、包装材料等，应当符合国家有关强制性标准以及其他农产品质量安全规定。储存、运输农产品的容器、工具和设备应当安全、无害。禁止将农产品与有毒有害物质一同储存、运输，防止污染农产品。

3 生产者可以不接受农产品质量安全监督检查吗

不可以。

《农产品质量安全法》第五十二条规定：县级以上地方人民政府农业农村主管部门应当加强对农产品生产的监督管理，开展日常检查，重点检查农产品产地环境、农业投入品购买和使用、农产品生产记录、承诺达标合格证开具等情况。

第五十三条规定，开展农产品质量安全监督检查，有权采取下列措施：

（一）进入生产经营场所进行现场检查，调查了解农产品质量安全的有关情况；

（二）查阅、复制农产品生产记录、购销台账等与农产品质量安全有关的资料；

（三）抽样检测生产经营的农产品和使用的农业投入品以及其他有关产品；

（四）查封、扣押有证据证明存在农产品质量安全隐患或者经检测不符合农产品质量安全标准的农产品；

（五）查封、扣押有证据证明可能危及农产品质量安全或者经检测不符合产品质量标准的农业投入品以及其他有毒有害物质；

（六）查封、扣押用于违法生产经营农产品的设施、设备、场所以及运输工具；

（七）收缴伪造的农产品质量标志。

农产品生产经营者应当协助、配合农产品质量安全监督检查，不得拒绝、阻挠。

第七十六条规定：违反本法规定，拒绝、阻挠依法开展的农产品质量安全监督检查、事故调查处理、抽样检测和风险评估的，由有关主管部门按照职责责令停产停业，并处二千元以上五万元以下罚款；构成违反治安管理行为的，由公安机关依法给予治安管理处罚。

4　农产品生产经营者必须实施农产品质量安全标准吗

根据标准的法律约束性，可分为强制性标准和推荐性标准，其中强制性标准具有法律效力，必须执行；推荐性标准可自愿使用。农产品质量安全标准是农产品质量安全评价的重要依据，也是农产品质量安全管理的重要手段。

《农产品质量安全法》第九条规定：国家引导、推广农产品标准化生产，鼓励和支持生产绿色优质农产品，禁止生产、销售不符合国家规定的农产品质量安全标准的农产品。

第十六条规定，国家建立健全农产品质量安全标准体系，确保严格实施。农产品质量安全标准是强制执行的标准，包括以下与农产品质量安全有关的要求：

（一）农业投入品质量要求、使用范围、用法、用量、安全间隔期和休药期规定；

（二）农产品产地环境、生产过程管控、储存、运输要求；

（三）农产品关键成分指标等要求；

（四）与屠宰畜禽有关的检验规程；

（五）其他与农产品质量安全有关的强制性要求。

《中华人民共和国食品安全法》对食用农产品的有关质量安全标准作出规定的，依照其规定执行。

5　农产品在何种情形下不得上市销售

《农产品质量安全法》第三十六条规定，有下列情形之一的农产品，不得销售：

（一）含有国家禁止使用的农药、兽药或者其他化合物；

（二）农药、兽药等化学物质残留或者含有的重金属等有毒有害物质不符合农产品质量安全标准；

（三）含有的致病性寄生虫、微生物或者生物毒素不符合农产品质量安全标准；

（四）未按照国家有关强制性标准以及其他农产品质量安全规定使用保鲜剂、防腐剂、添加剂、包装材料等，或者使用的保鲜剂、防腐剂、添加剂、包装材料等不符合国家有关强制性标准以及其他质量安全规定；

（五）病死、毒死或者死因不明的动物及其产品；

（六）其他不符合农产品质量安全标准的情形。

对前款规定不得销售的农产品，应当依照法律、法规的规定进行处置。

第三十七条规定：农产品批发市场应当按照规定设立或者委托检测机构，对进场销售的农产品质量安全状况进行抽查检测；发现不符合农产品质量安全标准的，应当要求销售者立即停止销售，并向所在地市场监督管理、农业农村等部门报告。农产品销售企业对其销售的农产品，应当建立健全进货检查验收制度；经查验不符合农产品质量安全标准的，不得销售。

6 农产品贮存和运输中滥用、乱用保鲜剂、防腐剂、添加剂会受到处罚吗

会受到处罚。《中华人民共和国食品安全法》(以下简称《食品安全法》)第六十六条规定:进入市场销售的食用农产品在包装、保鲜、贮存、运输中使用保鲜剂、防腐剂等食品添加剂和包装材料等食品相关产品,应当符合食品安全国家标准。《农产品质量安全法》第七十二条规定:违反本法规定,农产品生产经营者有下列行为之一的,由县级以上地方人民政府农业农村主管部门责令停止生产经营、追回已经销售的农产品,对违法生产经营的农产品进行无害化处理或者予以监督销毁,没收违法所得,并可以没收用于违法生产经营的工具、设备、原料等物品;违法生产经营的农产品货值金额不足一万元的,并处五千元以上五万元以下罚款,货值金额一万元以上的,并处货值金额五倍以上十倍以下罚款;对农户,并处三百元以上三千元以下罚款:

（一）在农产品生产场所以及生产活动中使用的设施、设备、消毒剂、洗涤剂等不符合国家有关质量安全规定；

（二）未按照国家有关强制性标准或者其他农产品质量安全规定使用保鲜剂、防腐剂、添加剂、包装材料等，或者使用的保鲜剂、防腐剂、添加剂、包装材料等不符合国家有关强制性标准或者其他质量安全规定；

（三）将农产品与有毒有害物质一同储存、运输。

7 什么是绿色食品

绿色食品是指产自优良生态环境，按照绿色食品标准生产，实行全程质量控制，并获得绿色食品标志使用权的安全、优质食用农产品及相关产品。

8　申请使用绿色食品标志的产品，需具备哪些条件

申请使用绿色食品标志的产品，应当符合《食品安全法》和《农产品质量安全法》等法律法规规定，在国家工商总局商标局核定的范围内，并具备下列条件：

（一）产地环境符合绿色食品产地环境质量标准；

（二）农药、肥料、饲料、兽药等投入品使用符合绿色食品投入品使用准则；

（三）产品质量符合绿色食品产品质量标准；

（四）包装贮运符合绿色食品包装贮运标准。

9 绿色食品标志使用人在证书有效期内享有哪些权利

《绿色食品标志管理办法》第十九条规定，标志使用人在证书有效期内享有下列权利：

（一）在获证产品及其包装、标签、说明书上使用绿色食品标志；

（二）在获证产品的广告宣传、展览展销等市场营销活动中使用绿色食品标志；

（三）在农产品生产基地建设、农业标准化生产、产业化经营、农产品市场营销等方面优先享受相关扶持政策。

10　生产绿色食品可使用哪些肥料

根据《绿色食品　肥料使用准则》(NY/T 394－2021)，绿色食品生产肥料使用以有机肥为主，化肥为辅的原则，无机氮素的用量不得超过当季作物需求量的一半。可使用的肥料种类有农家肥料、有机肥料、微生物肥料、有机-无机复混肥料、无机肥料和土壤调理剂。生产绿色食品的农家肥料无论采取何种原料(包括人畜粪尿、秸秆、杂草、泥炭)制作堆肥，必须高温发酵，以杀灭各种寄生虫卵和病原菌、杂草种子，使之达到无害化卫生标准。

11 对农用薄膜生产者、销售者、使用者未按照规定及时回收废旧农膜的行为如何处罚

《中华人民共和国土壤污染防治法》第八十八条规定：违反本法规定，农业投入品生产者、销售者、使用者未按照规定及时回收肥料等农业投入品的包装废弃物或者农用薄膜，或者未按照规定及时回收农药包装废弃物交由专门的机构或者组织进行无害化处理的，由地方人民政府农业农村主管部门责令改正，处一万元以上十万元以下的罚款；农业投入品使用者为个人的，可以处二百元以上二千元以下的罚款。

12 《农用薄膜管理办法》规定农用薄膜生产、销售、使用及回收等环节均需依法建立记录或台账制度，具体要求有哪些

生产环节：农用薄膜生产者应当依法建立农用薄膜出厂销售记录制度，如实记录农用薄膜的名称、规格、数量、生产日期和批号、产品质量检验信息、购货人名称及其联系方式、销售日期等内容；

销售环节：农用薄膜销售者应当依法建立销售台账，如实记录销售农用薄膜的名称、规格、数量、生产者、生产日期和供货人名称及其联系方式、进货日期等内容；

使用环节：农业生产企业、农民专业合作社等使用者应当依法建立农用薄膜使用记录，如实记录使用时间、地点、对象以及农用薄膜名称、用量、生产者、销售者等内容；

回收环节：农用薄膜回收网点和回收再利用企业应当依法建立回收台账，如实记录废旧农用薄膜的重量、体积、杂质、缴膜人名称及其联系方式、回收时间等内容。

所有相关记录与台账至少保存两年。

第七部分

种子和农药

1　什么是农作物种子，什么是主要农作物

《中华人民共和国种子法》（以下简称《种子法》）所称种子，是指农作物和林木的种植材料或者繁殖材料，包括籽粒、果实、根、茎、苗、芽、叶、花等。

主要农作物是指稻、小麦、玉米、棉花、大豆。

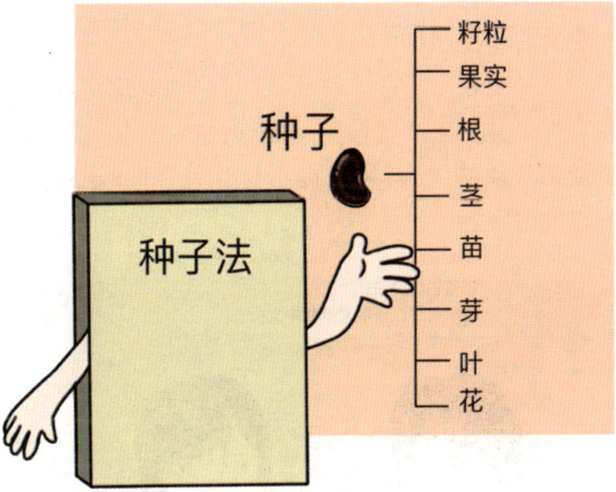

2 如何看种子包装

《种子法》第四十条规定：销售的种子应当符合国家或者行业标准，附有标签和使用说明。标签和使用说明标注的内容应当与销售的种子相符。种子生产经营者对标注内容的真实性和种子质量负责。

标签应当标注种子类别、品种名称、品种审定或者登记编号、品种适宜种植区域及季节、生产经营者及注册地、质量指标、检疫证明编号、种子生产经营许可证编号和信息代码，以及国务院农业农村、林业草原主管部门规定的其他事项。

销售授权品种种子的，应当标注品种权号。

销售进口种子的，应当附有进口审批文号和中文标签。

销售转基因植物品种种子的，必须用明显的文字标注，并应当提示使用时的安全控制措施。

种子生产经营者应当遵守有关法律、法规的规定，诚实守信，向种子使用者提供种子生产者信息、种子的主要性状、主要栽培措施、适应性等使用条件的说明、风险提示与有关咨询服务，不得作虚假或者引人误解的宣传。

3　同一个品种能用不同的名称吗

不能。同一植物品种在申请新品种保护、品种审定、品种登记、推广、销售时只能使用同一个名称。

《江苏省种子条例》第二十一条规定：已审定品种，在本省审定或者引种备案的，只能使用原审定名称。

4 卖种子要开具销售凭证吗

需要。《江苏省种子条例》第二十六条规定：种子生产经营者应当完善种子进销记录，并向购种者开具销售凭证。

5　什么是假种子

下列种子为假种子：

（一）以非种子冒充种子或者以此种品种种子冒充其他品种种子的；

（二）种子种类、品种与标签标注的内容不符或者没有标签的。

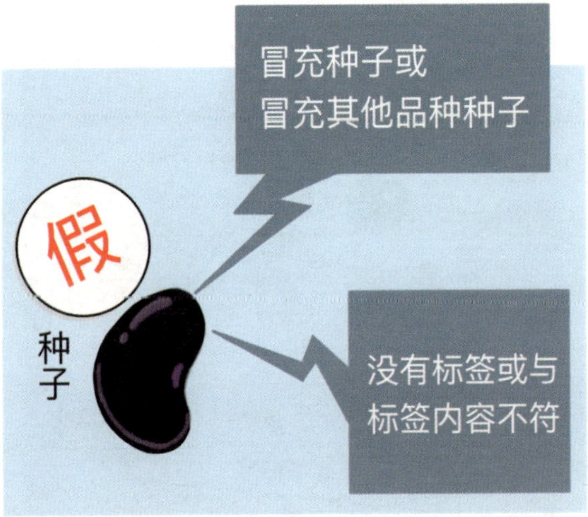

6　什么是劣种子

下列种子为劣种子：

（一）质量低于国家规定标准的；

（二）质量低于标签标注指标的；

（三）带有国家规定的检疫性有害生物的。

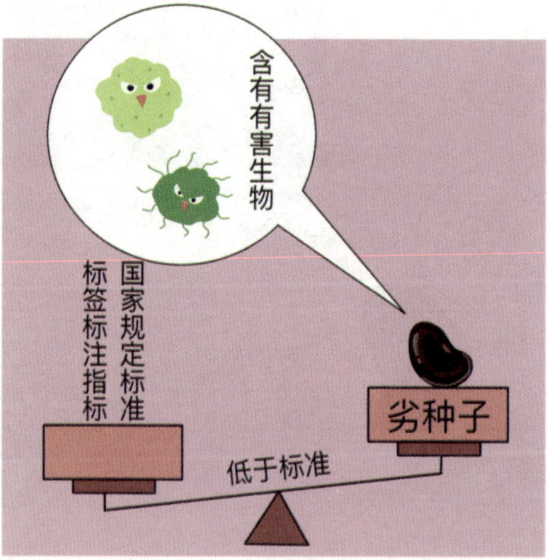

7　生产、经营假、劣种子应承担哪些法律责任

《种子法》第四十八条规定：禁止生产经营假、劣种子。农业农村、林业草原主管部门和有关部门依法打击生产经营假、劣种子的违法行为，保护农民合法权益，维护公平竞争的市场秩序。

第七十四条规定：违反本法第四十八条规定，生产经营假种子的，由县级以上人民政府农业农村、林业草原主管部门责令停止生产经营，没收违法所得和种子，吊销种子生产经营许可证；违法生产经营的货值金额不足二万元的，并处二万元以上二十万元以下罚款；货值金额二万元以上的，并处货值金额十倍以上二十倍以下罚款。

因生产经营假种子犯罪被判处有期徒刑以上刑罚的，种子企业或者其他单位的法定代表人、直接负责的主管人员自刑罚执行完毕之日起五年内不得担任种子企业的法定代表人、高级管理人员。

第七十五条规定：违反本法第四十八条规定，生产经营劣种子的，由县级以上人民政府农业农村、林业草原主管部门责令停止生产经营，没收违法所得和种子；违法生产经营的货值金额不足二万元的，并处一万元以上十万元以下罚款；货值金额二万元以上的，并处货值金额五倍以上十倍以下罚款；情节严重的，吊销种子生产经营许可证。

因生产经营劣种子犯罪被判处有期徒刑以上刑罚的，种子企业或者其他单位的法定代表人、直接负责的主管人员自刑罚执行完毕之日起五年内不得担任种子企业的法定代表人、高级管理人员。

8　哪些农作物品种可以推广

《种子法》规定，国家对主要农作物（稻、小麦、玉米、棉花、大豆）实行品种审定制度，主要农作物品种在推广前应当通过国家级或者省级审定。

通过国家级审定的农作物品种由国务院农业农村主管部门公告，可以在全国适宜的生态区域推广。

通过省级审定的农作物品种由省、自治区、直辖市人民政府农业农村主管部门公告，可以在本行政区域内适宜的生态区域推广。其他省、自治区、直辖市属于同一适宜生态区的地域引种农作物品种的，引种者应当将引种的品种和区域报所在省、自治区、直辖市人民政府农业农村主管部门备案。

国家对部分非主要农作物实行品种登记制度，列入非主要农作物登记目录的品种在推广前应当登记。

《江苏省种子条例》第二十条规定：推广、销售非主要农作物品种或者从省外引进非主要农作物品种，应当经过试验，确定适宜推广的区域。

9 擅自向社会发布农作物病虫害预报信息会受到什么处罚

县级以上人民政府农业农村主管部门及其植保机构应当在综合分析监测结果的基础上，按照国务院农业农村主管部门的规定发布农作物病虫害预报，其他组织和个人不得向社会发布农作物病虫害预报。根据《农作物病虫害防治条例》第四十一条的规定，擅自向社会发布农作物病虫害预报或者灾情信息，由县级以上人民政府农业农村主管部门处5000元以上5万元以下罚款；情节严重的，处5万元以上10万元以下罚款；造成损失的，依法承担赔偿责任；构成犯罪的，依法追究刑事责任。

10　农作物病虫害绿色防控技术和措施有哪些

《农作物病虫害防治条例》第三条规定：农作物病虫害防治实行预防为主、综合防治的方针，坚持政府主导、属地负责、分类管理、科技支撑、绿色防控。

绿色防控主要内容包括农业生态控制、物理防控、生物防治和科学用药技术。目的是控制病虫危害，减少农药使用、提高农产品质量，保护农业生态安全。

11　农药产品的安全性由谁负责

农药产品的安全性由农药生产企业、农药经营者负责。

《农药管理条例》第五条第一款规定：农药生产企业、农药经营者应当对其生产、经营的农药的安全性、有效性负责，自觉接受政府监管和社会监督。

12 经营卫生用农药是否需要取得农药经营许可证

经营卫生用农药是否需取得农药经营许可证，要根据具体情况而定。根据《农药经营许可管理办法》第十九条的规定，专门经营卫生用农药的，不需要取得农药经营许可证。

因此，如果是专门经营卫生用农药的，不需要取得农药经营许可证。如果是经营卫生用农药，同时又经营其他农药的，应当取得农药经营许可证。

13　超出经营范围经营限制使用农药应当承担什么责任

《农药经营许可管理办法》第二十一条第二款规定：超出经营范围经营限制使用农药，或者利用互联网经营限制使用农药的，按照未取得农药经营许可证处理。根据《农药管理条例》第五十五条的规定，未取得农药经营许可证经营农药的，由县级以上地方人民政府农业主管部门责令停止经营，没收违法所得、违法经营的农药和用于违法经营的工具、设备等，违法经营的农药货值金额不足1万元的，并处5000元以上5万元以下罚款，货值金额1万元以上的，并处货值金额5倍以上10倍以下罚款；构成犯罪的，依法追究刑事责任。

14　什么是假农药

《农药管理条例》第四十四条规定，有下列情形之一的，认定为假农药：

（一）以非农药冒充农药；

（二）以此种农药冒充他种农药；

（三）农药所含有效成分种类与农药的标签、说明书标注的有效成分不符。

禁用的农药，未依法取得农药登记证而生产、进口的农药，以及未附具标签的农药，按照假农药处理。

15　经营假农药应当承担什么责任

《农药管理条例》第五十五条规定，农药经营者有下列行为之一的，由县级以上地方人民政府农业主管部门责令停止经营，没收违法所得、违法经营的农药和用于违法经营的工具、设备等，违法经营的农药货值金额不足1万元的，并处5000元以上5万元以下罚款，货值金额1万元以上的，并处货值金额5倍以上10倍以下罚款；构成犯罪的，依法追究刑事责任：

（一）违反本条例规定，未取得农药经营许可证经营农药；

（二）经营假农药；

（三）在农药中添加物质。

有前款第二项、第三项规定的行为，情节严重的，还应当由发证机关吊销农药经营许可证。

16　什么是劣质农药

《农药管理条例》第四十五条规定，有下列情形之一的，认定为劣质农药：

（一）不符合农药产品质量标准；

（二）混有导致药害等有害成分。

超过农药质量保证期的农药，按照劣质农药处理。

17　经营劣质农药应当承担什么责任

《农药管理条例》第五十六条规定：农药经营者经营劣质农药的，由县级以上地方人民政府农业主管部门责令停止经营，没收违法所得、违法经营的农药和用于违法经营的工具、设备等，违法经营的农药货值金额不足1万元的，并处2000元以上2万元以下罚款，货值金额1万元以上的，并处货值金额2倍以上5倍以下罚款；情节严重的，由发证机关吊销农药经营许可证；构成犯罪的，依法追究刑事责任。

18　农药经营人员是否应当具备指导安全用药的能力

是。根据《农药经营许可管理办法》第七条的规定，农药经营者应当是具备有农学、植保、农药等相关专业中专以上学历或者专业教育培训机构五十六学时以上的学习经历，熟悉农药管理规定，掌握农药和病虫害防治专业知识，能够指导安全合理使用农药的经营人员。根据《农药经营许可管理办法》第二十条的规定，农药经营者应当向购买人询问病虫害发生情况，必要时应当实地查看病虫害发生情况，科学推荐农药，正确说明农药的使用范围、使用方法和剂量、使用技术要求和注意事项，不得误导购买人。限制使用农药的经营者应当为农药使用者提供用药指导，并逐步提供统一用药服务。

19 经营未取得农药生产许可证的农药产品，经营者应承担什么法律责任

《农药管理条例》第二十六条规定：农药经营者采购农药应当查验产品包装、标签、产品质量检验合格证以及有关许可证明文件，不得向未取得农药生产许可证的农药生产企业或者未取得农药经营许可证的其他农药经营者采购农药。农药经营者如未履行此法定义务，按照《农药管理条例》五十七条的规定，由县级以上地方人民政府农业主管部门责令改正，没收违法所得和违法经营的农药，并处5000元以上5万元以下罚款；拒不改正或者情节严重的，由发证机关吊销农药经营许可证。

20　在蔬菜、瓜果、茶叶、菌类、中草药材生产或者水生植物的病虫害防治作业中，使用剧毒、高毒农药的行为会受到怎样的处罚

《农药管理条例》第六十条规定，将剧毒、高毒农药用于防治卫生害虫，用于蔬菜、瓜果、茶叶、菌类、中草药材生产或者用于水生植物的病虫害防治的，由县级人民政府农业主管部门责令改正，农药使用者为农产品生产企业、食品和食用农产品仓储企业、专业化病虫害防治服务组织和从事农产品生产的农民专业合作社等单位的，处5万元以上10万元以下罚款，农药使用者为个人的，处1万元以下罚款；构成犯罪的，依法追究刑事责任。

21 农作物病虫害防治作业后，农药包装废弃物该怎么处理

依据《农药包装废弃物回收处理管理办法》第十一条的规定，农药使用者应当及时收集农药包装废弃物并交回农药经营者或农药包装废弃物回收站（点），不得随意丢弃。农药使用者在施用过程中，配药时也应当通过清洗等方式充分利用包装物中的农药，减少残留农药。

第八部分

畜牧和兽医

1　村(居)委会有哪些动物防疫职责

《中华人民共和国动物防疫法》(以下简称《动物防疫法》)第八条第二款规定:乡级人民政府、街道办事处组织群众做好本辖区的动物疫病预防与控制工作,村民委员会、居民委员会予以协助。第十八条第二款规定:乡级人民政府、街道办事处组织本辖区饲养动物的单位和个人做好强制免疫,协助做好监督检查;村民委员会、居民委员会协助做好相关工作。第三十条第三款规定:街道办事处、乡级人民政府组织协调居民委员会、村民委员会,做好本辖区流浪犬、猫的控制和处置,防止疫病传播。

2 饲养宠物狗有哪些防疫要求，未按照规定定期进行狂犬病免疫接种的需承担什么责任

根据《动物防疫法》《江苏省动物防疫条例》的规定，饲养宠物应当定期免疫接种狂犬病疫苗，凭动物诊疗机构出具的免疫证明向所在地养犬登记机关申请登记。携带犬只出户的，应当按照规定佩戴犬牌并采取系犬绳等措施，防止犬只伤人、疫病传播，并即时清除犬只在道路和其他公共场地排放的粪便。

《动物防疫法》第九十二条规定，违反本法规定，有下列行为之一的，由县级以上地方人民政府农业农村主管部门责令限期改正，可以处一千元以下罚款；逾期不改正的，处一千元以上五千元以下罚款，由县级以上地方人民政府农业农村主管部门委托动物诊疗机构、无害化处理场所等代为处理，所需费用由违法行为人承担：

（一）对饲养的动物未按照动物疫病强制免疫计划或者免疫技术规范实施免疫接种的；

（二）对饲养的种用、乳用动物未按照国务院农业农村主管部门的要求定期开展疫病检测，或者经检测不合格而未按照规定处理的；

（三）对饲养的犬只未按照规定定期进行狂犬病免疫接种的；

（四）动物、动物产品的运载工具在装载前和卸载后未按照规定及时清洗、消毒的。

3　农户自己养的猪是否可以自行屠宰

自己养的猪如果是自宰自食，可以自行屠宰，但不得上市销售。《生猪屠宰管理条例》第二条规定：国家实行生猪定点屠宰、集中检疫制度。除农村地区个人自宰自食的不实行定点屠宰外，任何单位和个人未经定点不得从事生猪屠宰活动。

4　怎样买到放心猪肉

买放心猪肉，可以在购买猪肉时查验“两证两章”。根据《生猪屠宰管理条例》的规定，生猪定点屠宰厂（场）要严格实施集中检疫制度和肉品品质检验管理制度，经检疫、肉品品质检验合格的生猪产品，应当加盖检疫、肉品品质检验合格验讫印章（两章），附具检疫、肉品品质检验合格证（两证）。

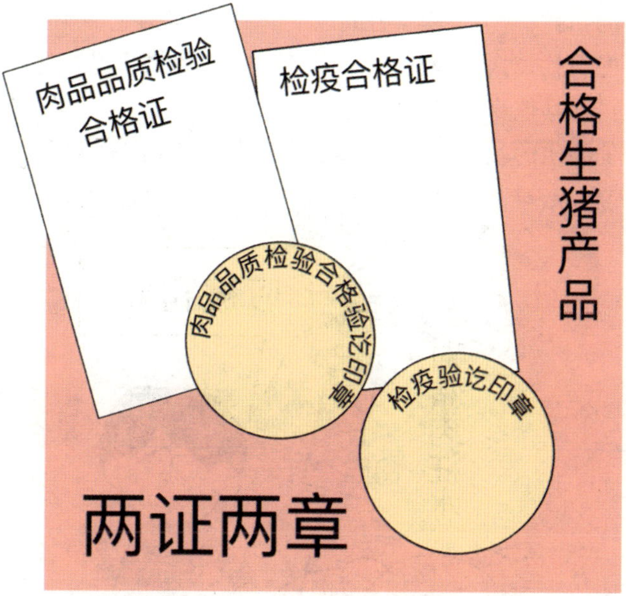

5　对猪肉注水会受到什么处罚

《生猪屠宰管理条例》第二十条规定：严禁生猪定点屠宰厂（场）以及其他任何单位和个人对生猪、生猪产品注水或者注入其他物质。严禁生猪定点屠宰厂（场）屠宰注水或者注入其他物质的生猪。第三十五条规定：违反本条例规定，生猪定点屠宰厂（场）、其他单位和个人对生猪、生猪产品注水或者注入其他物质的，由农业农村主管部门没收注水或者注入其他物质的生猪、生猪产品、注水工具和设备以及违法所得；货值金额不足 1 万元的，并处 5 万元以上 10 万元以下的罚款；货值金额 1 万元以上的，并处货值金额 10 倍以上 20 倍以下的罚款；对生猪定点屠宰厂（场）或者其他单位的直接负责的主管人员和其他直接责任人员处 5 万元以上 10 万元以下的罚款。注入其他物质的，还可以由公安机关依照《中华人民共和国食品安全法》的规定，对其直接负责的主管人员和其他直接责任人员处 5

日以上 15 日以下拘留。

生猪定点屠宰厂(场)对生猪、生猪产品注水或者注入其他物质的,除依照前款规定处罚外,还应当由农业农村主管部门责令停业整顿;情节严重的,由设区的市级人民政府吊销生猪定点屠宰证书,收回生猪定点屠宰标志牌。

6　食堂的泔水，可以直接用于喂猪吗

不可以。根据《中华人民共和国畜牧法》（以下简称《畜牧法》）第四十三条的规定，从事畜禽养殖，不得使用未经高温处理的餐馆、食堂的泔水饲喂家畜。

7　垃圾场中捡出来的蔬菜，可以带回家喂猪吗

不可以。根据《畜牧法》第四十三条的规定，从事畜禽养殖，不得在垃圾场或者使用垃圾场中的物质饲养畜禽。

8　什么是动物疫病强制免疫

《动物防疫法》第十六条规定：国家对严重危害养殖业生产和人体健康的动物疫病实施强制免疫。

国务院农业农村主管部门确定强制免疫的动物疫病病种和区域。省、自治区、直辖市人民政府农业农村主管部门制定本行政区域的强制免疫计划；根据本行政区域动物疫病流行情况增加实施强制免疫的动物疫病病种和区域，报本级人民政府批准后执行，并报国务院农业农村主管部门备案。

第十七条第一款规定：饲养动物的单位和个人应当履行动物疫病强制免疫义务，按照强制免疫计划和技术规范，对动物实施免疫接种，并按照国家有关规定建立免疫档案、加施畜禽标识，保证可追溯。

《动物防疫法》第九十二条还规定，对饲养的动物未按照动物疫病强制免疫计划或者免疫技术规范实施免疫接种的，由县级以上地方人民政府农业农村主管部门责令限期改正，可以处一千元以下罚款；逾期不改正的，处一千元以上五千元以下罚款，由县级以上地方人民政府农业农村主管部门委托动物诊疗机构、无害化处理场所等代为处理，所需费用由违法行为人承担。

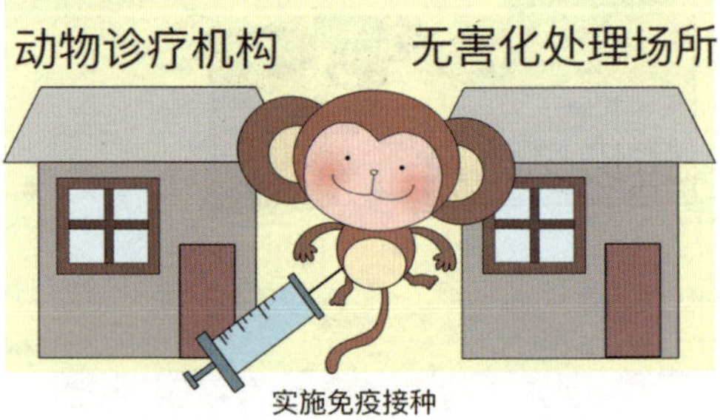

实施免疫接种

9　哪些情形需要办理动物防疫条件合格证

根据《动物防疫法》第二十五条的规定，开办动物饲养场和隔离场所、动物屠宰加工场所以及动物和动物产品无害化处理场所的，需要办理动物防疫条件合格证。

10　如发现动物疑似传染病怎么办

《动物防疫法》第三十一条规定：从事动物疫病监测、检测、检验检疫、研究、诊疗以及动物饲养、屠宰、经营、隔离、运输等活动的单位和个人，发现动物染疫或者疑似染疫的，应当立即向所在地农业农村主管部门或者动物疫病预防控制机构报告，并迅速采取隔离等控制措施，防止动物疫情扩散。其他单位和个人发现动物染疫或者疑似染疫的，应当及时报告。

接到动物疫情报告的单位，应当及时采取临时隔离控制等必要措施，防止延误防控时机，并及时按照国家规定的程序上报。

11　哪些情形需要取得动物检疫证明

根据《动物防疫法》《江苏省动物防疫条例》的有关规定，经营、屠宰、运输的动物，以及用于科研、展示、演出和比赛等非食用性利用的动物，应当附有检疫证明。经营、加工、运输和贮藏动物产品，应当附有检疫证明、检疫标志。

对依法应当检疫的动物、动物产品，货主应当按照国家规定向当地动物卫生监督机构申报检疫。

第九部分

渔业

1 从事渔业养殖需符合哪些要求

《中华人民共和国渔业法》(以下简称《渔业法》)第十一条规定:国家对水域利用进行统一规划,确定可以用于养殖业的水域和滩涂。单位和个人使用国家规划确定用于养殖业的全民所有的水域、滩涂的,使用者应当向县级以上地方人民政府渔业行政主管部门提出申请,由本级人民政府核发养殖证,许可其使用该水域、滩涂从事养殖生产。核发养殖证的具体办法由国务院规定。

集体所有的或者全民所有由农业集体经济组织使用的水域、滩涂,可以由个人或者集体承包,从事养殖生产。

第十二条规定:县级以上地方人民政府在核发养殖证时,应当优先安排当地的渔业生产者。

第十九条规定:从事养殖生产不得使用含有毒有害物质的饵料、饲料。

第二十条规定:从事养殖生产应当保护水域生态环境,科学确定养殖密度,合理投饵、施肥、使用药物,不得造成水域的环境污染。

2 申请从事水产苗种生产需要具备哪些条件

《水产苗种管理办法》第十二条规定，从事水产苗种生产的单位和个人应当具备下列条件：

（一）有固定的生产场地，水源充足，水质符合渔业用水标准；

（二）用于繁殖的亲本来源于原、良种场，质量符合种质标准；

（三）生产条件和设施符合水产苗种生产技术操作规程的要求；

（四）有与水产苗种生产和质量检验相适应的专业技术人员。

申请单位是水产原、良种场的，还应当符合农业部《水产原良种场生产管理规范》的要求。

3　水产苗种生产许可证的有效期是多久，到期后如何续展

《水产苗种管理办法》第十五条第二款规定：水产苗种生产许可证的许可有效期限为三年。期满需延期的，应当于期满三十日前向原发证机关提出申请，办理续展手续。

4 使用渔用饲料应符合哪些要求

使用渔用饲料应当符合《饲料和饲料添加剂管理条例》和农业行业标准《无公害食品 渔用配合饲料安全限量》(NY 5072—2002)。鼓励使用配合饲料。限制直接投喂冰鲜(冻)饵料,防止残饵污染水质。禁止使用无产品质量标准、无质量检验合格证、无生产许可证和产品批准文号的饲料、饲料添加剂。禁止使用变质和过期饲料。从事水产养殖生产不得使用含有毒有害物质的饵料、饲料。

5　未依法取得养殖证或者超越养殖证许可范围在全民所有的水域从事养殖生产的，会受到什么处罚

《渔业法》第四十条第二、第三款规定：未依法取得养殖证擅自在全民所有的水域从事养殖生产的，责令改正，补办养殖证或者限期拆除养殖设施。

未依法取得养殖证或者超越养殖证许可范围在全民所有的水域从事养殖生产，妨碍航运、行洪的，责令限期拆除养殖设施，可以并处一万元以下的罚款。

《江苏省渔业管理条例》第三十九条第一项规定：在国有的湖泊、滩涂等水域从事养殖生产未依法取得水产养殖证的，或者擅自变更养殖证许可的生产范围和场所的，责令限期十五天内拆除养殖设施，逾期不拆除的，代为拆除。

6 从事稻渔种养需要遵守哪些要求

禁止占用永久基本农田发展林果业和挖塘养鱼。

符合《稻渔综合种养技术规范 第1部分:通则》(SC/T 1135.1-2017)中的技术指标和要求,沟坑占比不超过总种养面积的10%,水稻单产平原地区亩产量不低于500千克、丘陵山区亩产量不低于当地水稻单作平均单产。

7　关于水产养殖用水，有哪些要求

水产养殖用水应当符合农业部《无公害食品　海水养殖用水水质》（NY 5052—2001）或《无公害食品　淡水养殖用水水质》（NY 5051—2001）等标准，禁止将不符合水质标准的水源用于水产养殖。

水产养殖单位和个人应当定期监测养殖用水水质。养殖用水水源受到污染时，应当立即停止使用；确需使用的，应当经过净化处理达到养殖用水水质标准。养殖水体水质不符合养殖用水水质标准时，应当立即采取措施进行处理。经处理后仍达不到要求的，应当停止养殖活动，并向当地渔业行政主管部门报告。销售的养殖水产品应当符合国家或地方的有关标准。不符合标准的产品应当进行净化处理，净化处理后仍不符合标准的产品禁止销售。

8　江苏省池塘水产养殖尾水的排放有哪些要求

《江苏省水污染防治条例》第八十五条规定：养殖尾水的排放不符合有关标准的，应当责令限期改正；逾期未改正的，生态环境主管部门可以处五万元以下罚款。

江苏省《池塘养殖尾水排放标准》(DB32/4043-2021)规定，养殖水面100亩以上的连片池塘、单个养殖主体水面大于50亩的池塘、工厂化等其他封闭式养殖水体水产养殖尾水的排放，需要执行该标准。新(改、扩)建的池塘养殖尾水排放自2021年8月1日起执行该标准；现有池塘养殖尾水排放自2023年6月1日起执行该标准；其他列入各级各类环境整治目标的地区或养殖品种，排放标准严于该标准的，按其规定执行。

9　申请办理渔业捕捞许可证需要具备哪些条件

《渔业法》第二十四条规定，具备下列条件的，方可发给捕捞许可证：

（一）有渔业船舶检验证书；

（二）有渔业船舶登记证书；

（三）符合国务院渔业行政主管部门规定的其他条件。

县级以上地方人民政府渔业行政主管部门批准发放的捕捞许可证，应当与上级人民政府渔业行政主管部门下达的捕捞限额指标相适应。

10 我省国有渔业水域占用补偿有哪些规定

《江苏省国有渔业水域占用补偿暂行办法》第二条规定：在本省管辖范围内因养殖规划、海洋功能区划调整，公益性建设、工程建设占用国有渔业水域，以及因流域治理需要开展的养殖业整治提前收回养殖使用权或者用于养殖的海域使用权等，对养殖使用权人或者海域使用权人的补偿，以及长江、湖泊、近海退出捕捞的渔业生产者的补偿，适用本办法。

第三条规定：本办法所称国有渔业水域，包括经依法批准的养殖规划确定用于养殖和依法核发捕捞许可证用于捕捞的国有渔业水域，以及海洋功能区划中确定的养殖区、捕捞区。

本办法所称工程建设占用国有渔业水域，包括在国有渔业水域内建设永久性设施（包括航道、锚地）和因工程建设需要临时占用国有渔业水域。

具体补偿标准按照 2010 年印发的《江苏省国有渔业水域占用补偿标准基数和等级系数（试行）》执行。

11　为什么要实施长江禁捕

长江是我国重要的水生生物基因库，是我国乃至世界上生物多样性最具典型性的区域之一。因近年来长江生态环境日趋恶化，生物多样性指标持续下降，珍稀特有物种资源全面衰退，修复长江生态刻不容缓。为此，以习近平同志为核心的党中央为全局计、为子孙谋，发起长江大保护重大战略，决定长江流域水产种质资源保护区、水生生物自然保护区自 2020 年起实行常年禁捕，长江干流和重要支流自 2021 年起实行暂定 10 年的禁捕。

12　我省长江流域禁捕的范围是什么

《江苏省人民代表大会常务委员会关于促进和保障长江流域禁捕工作若干问题的决定》规定：本决定所称禁捕区域是指长江干流江苏段，长江河口规定区域，国家和省级水生生物保护区，滁河、水阳江、秦淮河和石臼湖等水域。

13　《江苏省渔业管理条例》禁止使用哪些捕捞渔具和捕捞方法

《江苏省渔业管理条例》第二十二条规定：禁止炸鱼、毒鱼、电鱼。禁止使用敲舫、滩涂拍板、多层拦网、闸口套网、拦河罾、深水张网（长江）、地笼网、底扒网以及其他破坏渔业资源的渔具、捕捞方法进行捕捞。

禁止在行洪、排涝、送水河道和渠道内设置影响行水的渔罾、渔簖等捕鱼设施；禁止在航道内设置碍航渔具。

14 违反规定在禁渔区、禁渔期从事捕捞活动，会受到什么处罚

《渔业法》第三十八条规定：使用炸鱼、毒鱼、电鱼等破坏渔业资源方法进行捕捞的，违反关于禁渔区、禁渔期的规定进行捕捞的，或者使用禁用的渔具、捕捞方法和小于最小网目尺寸的网具进行捕捞或者渔获物中幼鱼超过规定比例的，没收渔获物和违法所得，处五万元以下的罚款；情节严重的，没收渔具，吊销捕捞许可证；情节特别严重的，可以没收渔船；构成犯罪的，依法追究刑事责任。

15 什么是非法捕捞水产品罪

《中华人民共和国刑法》第三百四十条规定：违反保护水产资源法规，在禁渔区、禁渔期或者使用禁用的工具、方法捕捞水产品，情节严重的，处三年以下有期徒刑、拘役、管制或者罚金。

16　江苏省海洋渔船安全出海生产“十个必须”包括哪些内容

（一）必须持有有效的渔业船舶检验证书、登记证书、捕捞许可证书，确保船证相符、证业相符；

（二）必须确保满足职务船员最低配员标准，普通船员全员持证；

（三）必须足员足额办理保险，推行实名制；

（四）必须确保北斗、AIS 等通导设备状态正常；

（五）必须确保号灯号型安装符合规定要求，使用状态正常；

（六）必须确保救生筏检测合格，安装、存放位置符合规定要求，确保救生衣配备满足规定要求；

（七）必须确保灭火器等消防设备配备、存放符合规定要求，消防栓、水龙带、水枪符合规定要求，厨房液化气瓶存放符合规定要求，确保应急逃生通道畅通；

（八）必须确保船舶标志规范清晰，按规定悬挂船名牌，钢制渔船船名、船籍港必须钢板焊接；

（九）必须严格执行进出港报告制度，帆张网、蟹笼作业等渔船要确保网具装载符合核定要求；

（十）必须加入渔船管理服务组织，执行编组出海生产制度，明确定人联船责任人，同时签订承诺书，海上生产确保 24 小时开启通导设备，遇台风等极端天气要听从调度，及时回港。

17 渔业生产从业人员有哪些安全生产方面的权利和义务

渔业生产从业人员依法享有获得安全生产保障的权利，履行安全生产方面的义务：

（一）要求生产经营单位依法办理工伤保险；

（二）参加安全生产教育和培训；

（三）了解渔船和作业岗位存在的危险因素以及防范应急措施；

（四）对渔业船舶存在的安全隐患提出改正意见，在安全隐患未排除前，有权拒绝上船作业；

（五）拒绝违章指挥和强令冒险作业，发现直接危及人身安全紧急情况时，可以停止作业；

（六）因生产安全事故受到损害后依法要求赔偿；

（七）遵守有关交通、生产安全作业制度和规程，服从管理；

（八）接受安全生产教育和培训；

（九）及时报告事故隐患和不安全因素；

（十）参加事故抢救和救援。

第十部分

农业机械化管理

1　什么是农业机械化

《中华人民共和国农业机械化促进法》(以下简称《农业机械化促进法》)第二条规定：本法所称农业机械化，是指运用先进适用的农业机械装备农业，改善农业生产经营条件，不断提高农业的生产技术水平和经济效益、生态效益的过程。《农业机械化促进法》还对农业机械进行了定义，即“本法所称农业机械，是指用于农业生产及其产品初加工等相关农事活动的机械、设备”。

2 支持农业机械化发展的主要税收优惠政策有哪些

《农业机械化促进法》第二十六条规定：国家采取措施，鼓励和支持农业机械生产者增加新产品、新技术、新工艺的研究开发投入，并对农业机械的科研开发和制造实施税收优惠政策。

中央和地方财政预算安排的科技开发资金应当对农业机械工业的技术创新给予支持。

《中华人民共和国增值税暂行条例》规定，纳税人销售或者进口下列货物，税率为11%：饲料、化肥、农药、农机、农膜。

《农业机械化促进法》第二十八条规定：从事农业机械生产作业服务的收入，按照国家规定给予税收优惠。

《江苏省农业机械管理条例》第五条规定：采取财政支持、税收优惠和金融扶持等措施，鼓励、支持农民和农业生产经营组织发展农业机械化。

3 购买农机具是否都可以申请补贴

不是。农机购置补贴与粮食直补不一样,国家还不能对农民购买的所有农机具实行补贴。我省的补贴机具种类范围从全国补贴范围中选取并结合我省实际确定,并根据农业生产发展需要和资金供需实际等进行调整。相关内容通过江苏省农机购置补贴信息公开专栏了解(详见江苏省农业农村厅网站),或者咨询各地农业农村部门。

4 补贴机具在使用中出现质量问题，应怎样处理

补贴机具与市场销售的非补贴机具同样享受国家有关商品“三包”规定。如补贴产品出现质量问题，首先应向补贴产品供货方提出“三包”要求，协商解决。无法达成一致意见的，可按程序向当地农业农村部门和市场监督部门投诉。解决不成的，可以通过司法途径解决。

5　拖拉机、联合收割机能载人吗

不能。《农业机械安全监督管理条例》第五十四条规定：使用拖拉机、联合收割机违反规定载人的，由县级以上地方人民政府农业机械化主管部门对违法行为人予以批评教育，责令改正；拒不改正的，扣押拖拉机、联合收割机的证书、牌照；情节严重的，吊销有关人员的操作证件。非法从事经营性道路旅客运输的，由交通主管部门依照道路运输管理法律、行政法规处罚。

6　拖拉机、联合收割机检验有什么规定

《农业机械安全监督管理条例》第三十条规定：县级以上地方人民政府农业机械化主管部门应当定期对危及人身财产安全的农业机械进行免费实地安全检验。拖拉机、联合收割机的安全检验为每年1次。根据《江苏省农业机械安全监督管理条例》第十七条的规定，拖拉机、联合收割机连续三年未参加安全检验的，由登记地农业机械化主管部门公告注销其证书、牌照。

7　可以委托代理人代理申请拖拉机、联合收割机登记、驾驶证等相关业务吗

可以委托，但申请补发登记证书的除外。《拖拉机和联合收割机登记规定》第二十九条规定：拖拉机、联合收割机所有人可以委托代理人代理申请各项登记和相关业务，但申请补发登记证书的除外。代理人办理相关业务时，应当提交代理人身份证明、经申请人签字的委托书。《拖拉机和联合收割机驾驶证管理规定》第三十一条规定：驾驶人可以委托代理人办理换证、补证、注销业务。代理人办理相关业务时，除规定材料外，还应当提交代理人身份证明、经申请人签字的委托书。

8 申请拖拉机、联合收割机驾驶证需要通过哪些科目考试

驾驶考试科目分为：

（一）科目一：理论知识考试；

（二）科目二：场地驾驶技能考试；

（三）科目三：田间作业技能考试；

（四）科目四：道路驾驶技能考试。

申请人应当在科目一考试合格后 2 年内完成科目二、科目三、科目四考试。未在 2 年内完成考试的，已考试合格的科目成绩作废。每个科目考试 1 次，考试不合格的，可以当场补考 1 次。补考仍不合格的，申请人可以预约后再次补考，每次预约考试次数不超过 2 次。

9　没有领取拖拉机、联合收割机牌证，擅自投入使用将受到什么处罚

《农业机械安全监督管理条例》第五十条规定：未按照规定办理登记手续并取得相应的证书和牌照，擅自将拖拉机、联合收割机投入使用，或者未按照规定办理变更登记手续的，由县级以上地方人民政府农业机械化主管部门责令限期补办相关手续；逾期不补办的，责令停止使用；拒不停止使用的，扣押拖拉机、联合收割机，并处200元以上2000元以下罚款。当事人补办相关手续的，应当及时退还扣押的拖拉机、联合收割机。

10　未取得操作证件而操作拖拉机、联合收割机的，会受到什么处罚

《农业机械安全监督管理条例》第五十二条规定：未取得拖拉机、联合收割机操作证件而操作拖拉机、联合收割机的，由县级以上地方人民政府农业机械化主管部门责令改正，处 100 元以上 500 元以下罚款。

第十一部分

农民专业合作社

1　农民专业合作社是什么样的组织

农民专业合作社是指在农村家庭承包经营基础上，农产品的生产经营者或者农业生产经营服务的提供者、利用者，自愿联合、民主管理的互助性经济组织。

2　农民专业合作社的主要服务对象是谁，可以开展哪些业务

《中华人民共和国农民专业合作社法》(以下简称《农民专业合作社法》)第三条规定，农民专业合作社以其成员为主要服务对象，开展以下一种或者多种业务：

(一)农业生产资料的购买、使用；

(二)农产品的生产、销售、加工、运输、贮藏及其他相关服务；

(三)农村民间工艺及制品、休闲农业和乡村旅游资源的开发经营等；

(四)与农业生产经营有关的技术、信息、设施建设运营等服务。

3　农民专业合作社的设立主体、出资形式等方面有哪些规定

《江苏省农民专业合作社条例》第十三条规定：鼓励和支持农民以土地经营权出资等方式，设立农民专业合作社，开展农业适度规模经营。还规定，鼓励和支持农村集体经济组织、基层供销合作社、家庭农场、农业企业、农业科学研究单位和农业科技服务组织等，以及以农业生产经营服务为主要职业的农业从业人员，设立农民专业合作社。

为适应农民财产多样化和农村土地"三权分置"发展趋势，《江苏省农民专业合作社条例》规定了农民专业合作社成员的出资方式应当符合法律、行政法规的规定。以实物、知识产权、土地经营权、林权等非货币财产作价出资的，由全体成员评估作价；经全体成员决定，可以委托评估机构评估作价。

4 农民专业合作社成员中的农民成员是如何界定的

农民专业合作社应当遵循入社自愿、退社自由原则，成员结构应当符合法律规定。农民至少应当占成员总数的百分之八十。

农民专业合作社成员符合下列情形之一的，计入农民成员比例：

（一）具有农村村民身份的；

（二）具有土地承包经营权证的；

（三）具有农村集体经济组织成员证明的。

非本省户籍人员在本省设立、加入农民专业合作社，符合前款情形之一，并在本省承租土地、水面等的，计入农民成员比例。

5　农民专业合作社登记应当向市场监管部门提交哪些文件

设立农民专业合作社，应当向市场监管部门提交下列文件，申请设立登记：

（一）登记申请书；

（二）全体设立人签名、盖章的设立大会纪要；

（三）全体设立人签名、盖章的章程；

（四）法定代表人、理事的任职文件及身份证明；

（五）出资成员签名、盖章的出资清单；

（六）住所使用证明；

（七）法律、行政法规规定的其他文件。

6　农民专业合作社组织架构是什么样的

农民专业合作社成员大会或成员代表大会是合作社的权力机构，由全体成员或者成员代表组成。

农民专业合作社设理事长一名，可以设理事会。理事长为本社的法定代表人。合作社可以设执行监事或者监事会。理事长、理事、经理和财务会计人员不得兼任监事。

理事长、理事、执行监事或者监事会成员，由成员大会从本社成员中选举产生。

理事会会议、监事会会议的表决，实行一人一票。

7　农民专业合作社成员享有哪些权利

《农民专业合作社法》第二十一条规定，农民专业合作社成员享有下列权利：

（一）参加成员大会，并享有表决权、选举权和被选举权，按照章程规定对本社实行民主管理；

（二）利用本社提供的服务和生产经营设施；

（三）按照章程规定或者成员大会决议分享盈余；

（四）查阅本社的章程、成员名册、成员大会或者成员代表大会记录、理事会会议决议、监事会会议决议、财务会计报告、会计账簿和财务审计报告；

（五）章程规定的其他权利。

8　农民专业合作社成员承担哪些义务

《农民专业合作社法》第二十三条规定，农民专业合作社成员承担下列义务：

（一）执行成员大会、成员代表大会和理事会的决议；

（二）按照章程规定向本社出资；

（三）按照章程规定与本社进行交易；

（四）按照章程规定承担亏损；

（五）章程规定的其他义务。

9　对农民专业合作社的失信行为如何处理

根据《江苏省农民专业合作社条例》的规定，农业农村主管部门应当会同有关部门按照国家和本省有关规定，将农民专业合作社生产经营活动中产生的失信行为予以记录，并依法向公共信用信息系统归集。

10　农民专业合作社有哪些行为会被列入经营异常名录

《江苏省农民专业合作社条例》第四十二条规定，农民专业合作社有下列情形的，将由登记机关列入经营异常名录：

（一）未按照规定的期限报送年度报告并公示；

（二）年度报告公示信息隐瞒真实情况、弄虚作假；

（三）通过其登记的住所无法取得联系。

登记机关应当在规定的时间内作出将其列入经营异常名录的决定，并通过国家企业信用信息公示系统向社会公示。

后记

公民法治素养的高低，直接关系着全面依法治国的实践进程和社会治理成效。2021年7月，农业农村部、司法部印发《培育农村学法用法示范户实施方案》，要求深入贯彻习近平法治思想，全面实施“八五”普法规划，扎实做好农村学法用法示范户培育工作，促进带动农民群众尊法学法用法守法。为加强农村学法用法示范户培育，推进法治乡村建设，强化农民群众法治意识，江苏省农业农村厅组织编写了《农民群众常用法律知识普及手册》。手册的内容编排上，聚焦农民群众日常生产生活，突出实用导向，涵盖了宪法、民法典和主要涉农法律知识；形式设计上，突出乡村特色，通过知识问答的形式，图文并茂地诠释法条规定、解读学法要点，便于学习和理解。希望通过本手册的出版，帮助农村学法用法示范户开展法律宣传、依法参与乡村治理；为广大农民群众提供有针对性的学法用法指引，提升办事依法、遇事找法、解决问题用法、化解矛盾靠法的能力。

由于时间仓促，编者水平有限，书中若有疏漏或不妥之处，敬请读者批评指正。

编　者

2023年1月